Dott. Piero Antonio Esposito

Libro I

Dell'Amministrazione condominiale, con particolare riguardo ai compiti e ai poteri dell'Amministrazione

della collana
"Manuale Tecnico del Condominio e dell'Amministratore"

I Edizione

A.I.A.S.
Associazione Italiana Amministratori Superiori
www.aiasitalia.it

Dott. Piero Antonio Esposito

Finito di stampare nel mese di agosto 2015.

ISBN 978-88-944560-1-1

Dott. Piero Antonio Esposito

Dott. Piero Antonio Esposito

Dott. Piero Antonio Esposito

Libro I

Dell'Amministrazione condominiale, con particolare riguardo ai compiti e ai poteri dell'Amministrazione

Dott. Piero Antonio Esposito

INDICE

Dott. Piero Antonio Esposito

Dott. Piero Antonio Esposito

Dott. Piero Antonio Esposito

Dott. Piero Antonio Esposito

Dott. Piero Antonio Esposito

Dott. Piero Antonio Esposito

Dott. Piero Antonio Esposito

Titolo I

Del condominio degli edifici e disciplina dell'istituto

Capo I

Della definizione di condominio degli edifici

Ancor prima di definire l'Amministrazione condominiale, è necessario capire cos'è un condominio.

Il condominio è una particolare comunione che si identifica in un soggetto privo di personalità giuridica e si attua, anche inconsapevolmente ai partecipanti, quando un bene o un complesso di beni o servizi individua o ingloba due o più soggetti, proprietari esclusivi di unità immobiliari, le quali condividono tra loro il godimento di esso.

Quindi ora possiamo dire che l'Amministrazione condominiale, per consuetudine, per usi e per manifestazione pratica, è l'organo di governo del condominio, mentre l'assemblea è l'organo deliberativo nonché di giudizio sull'operato dell'Amministrazione.

Capo II

Delle parti comuni dell'edificio

La dottrina dell'istituzione è regolamentata dal codice civile in materia di condominio al Libro Terzo, Titolo VII, Capo II del codice civile che affronta la materia del condominio dei fabbricati; in passato il codice non prevedeva alcun titolo tipico per la trattazione dell'attività di Amministrazione condominiale.

Vi furono esperienze al fine di fondare albi professionali.
Inutile il tentativo di fondare un' albo qualificato, interrotto dall'azione del potere giudiziario.

La modifica delle norme del condominio degli edifici operata con legge 11 dicembre 2012, n. 220 - in vigore dal 18 giugno 2013 – impone specifici obblighi formativi e di aggiornamento all'Amministrazione condominiale; le norme tuttavia proseguono la regolamentazione senza istituire un albo competente, ma dando oggi un discreto riconoscimento alle associazioni di categoria.

Nel 2010, il governo allora in carica aveva regolamentato il ruolo delle associazioni professionali, che hanno così avuto una limitata legittimazione.

Tuttavia, essendo prematura rispetto alla modifica delle norme del 2012, si rivelava precoce e attende ancora oggi un' approvazione in ambito europeo.

In passato e per lungo tempo, la giurisprudenza sostenne che la figura dell'Amministrazione condominiale dovesse essere ricoperta da una persona fisica.
A poco a poco la giurisprudenza ha iniziato a legittimare la nomina di persone giuridiche (cfr. su tutte, Cass. 24 ottobre 2006, n. 22840).
La confusione è stata poi superata in via definitiva dalla revisione del 2012, pattuendo che il compito dell'Amministrazione condominiale possa essere svolto anche da persone giuridiche, come prescritto al titolo V del libro V del codice civile.

Il legame giuridico, attribuibile ad un "rapporto di mandato", s'instaura tra Amministrazione e singoli condomini, ma non con il condominio, ente privo di carattere giuridico, come già specificato, secondo gli orientamenti della giurisprudenza della suprema Corte di cassazione (vedasi decreto 8 aprile 2008, n. 9148).

Secondo l'originaria dottrina del codice, se mai il regolamento condominiale non avesse disposto nel merito, l'Amministrazione avrebbe potuto essere chiunque fosse stato votato con le maggioranze prescritte dall'art. 1136 comma 2 del codice, così come interamente riportato, senza una qualifica specifica, titolo di studio o altro requisito, ad esempio l'iscrizione a un albo competente.

Al momento, secondo le modifiche apportate dalla legge n. 220/2012, è indispensabile che l'Amministrazione abbia specifici requisiti di competenza, di formazione e di moralità.

La possibilità di un condomino circa il poter gestire il condominio di cui egli stesso è parte ha trovato costanza anche in seguito alla revisione delle norme, con esonero dal requisito del titolo di studio e dalla formazione preliminare e periodica.

Dopo la revisione della legge 11 dicembre 2012, n. 220 e l'entrata in vigore del provvedimento del ministero della giustizia n. 140 del 24 settembre 2014, la figura di Amministrazione deve essere ricoperta da soggetti abilitati da enti e istituti di formazione, salvo quanto succitato; è dunque fondamentale frequentare un corso di formazione specialistica della durata di almeno 72 ore, e corsi annuali di aggiornamento di 15 ore; il contenuto delle attività è di tipo teorico-pratico e la formazione deve essere curata da un responsabile scientifico.

Il diritto romano conosceva un patrimonio privato ereditato dal padre e rimasta indivisa tra i fratelli (consortium).

In età classica si sviluppò il significato di patrimonio abituale di suddivisione pro quota con frazionamento proporzionato dei diritti e degli obblighi con forme di garanzia analoghe al diritto odierno (rei vindicatio partiaria).

La legge 11 dicembre 2012 n. 220 ("modifiche alla disciplina del condominio negli edifici"), entrata in atto il 18 giugno 2013, ha migliorato alcuni aspetti della disciplina, recependo gran parte della scienza giuridica e svecchiando la materia dell' istituto.

In base all'art. 1117 c.c., sono parti comuni dell'edificio, se il contrario non risulta dal titolo:

- le scale;
- l'atrio;
- le facciate;
- il suolo su cui sorge l'edificio;
- i muri maestri.

Tale comunione è forzosa, ossia un proprietario non può rinunciare al diritto su tali parti comuni per sottrarsi al pagamento delle spese (art. 1118, comma 2, c.c.)che riporto fedelmente.

Tuttavia, in base all'art. 1118 c.c. il condomino ha la possibilità di rinunciare all'utilizzo delle parti comuni, come l'impianto di riscaldamento e di condizionamento, qualora dalla sua rinuncia non derivino notevoli squilibri di funzionamento né aggravi di spesa per gli altri condomini. Il nesso tra il valore della proprietà di ciascun condomino e l' importanza del completo condominio è enunciato in millesimi (che, per utilità, sono riportati in apposite tabelle millesimali).

Le tabelle millesimali si utilizzano per il ripartire le spese condominiali, per la precisazione delle maggioranze di costituzione delle assemblee e per le votazioni delle delibere e verifica delle loro validità.

Sezione I

Degli organi del condominio

Gli organi del fabbricato sono l' Amministrazione e l' assemblea di condominio. Il condominio sorge meccanicamente quando in un complesso i proprietari sono o diventano due o più (es. l' originario unico titolare vende un complesso a due acquirenti).

Si parla di stabile minimo nel momento in cui i condomini sono due.

Se i proprietari sono più di otto, è obbligatoria l'assegnazione di un'Amministrazione; non sono previste sanzioni in caso di inosservanza| inottemperanza a tale norma, se non la possibilità della nomina di un Amministratore giudiziario, a opera del tribunale, su appello anche di un solo condomino.

Se i proprietari non sono più di otto, possono provvedere direttamente da essi alla gestione dell'edificio.

Si parla di supercondominio nel momento in cui esiste una pluralità di strutture distintamente identificabili come singoli corpi di fabbricati e con parti in comune tra di essi.

Non sempre è possibile differenziare la natura giuridica del complesso poiché spesso, pur essendo in una realtà di super condominio, l'intero assetto viene amministrato come singolo condominio, creando non pochi problemi di organizzazione e di dottrina giuridica applicata, per esempio per quanto riguarda la competenza all'approvazione delle spese, essendo loro inserite in un solo consuntivo e differenziate esclusivamente dal riparto.

Art. 1117.
Parti comuni dell'edificio.

Sono oggetto di proprietà comune dei proprietari delle singole unità immobiliari dell'edificio, anche se aventi diritto a godimento periodico e se non risulta il contrario dal titolo:

1) tutte le parti dell'edificio necessarie all'uso comune, come il suolo su cui sorge l'edificio, le fondazioni, i muri maestri, i pilastri e le travi portanti, i tetti e i lastrici solari, le scale, i portoni di ingresso, i vestiboli, gli anditi, i portici, i cortili e le facciate;

2) le aree destinate a parcheggio nonché i locali per i servizi in comune, come la portineria, incluso l'alloggio del portiere, la lavanderia, gli stenditoi e i sottotetti destinati, per le caratteristiche strutturali e funzionali, all'uso comune;

3) le opere, le installazioni, i manufatti di qualunque genere destinati all'uso comune, come gli ascensori, i pozzi, le cisterne, gli impianti idrici e fognari, i sistemi centralizzati di distribuzione e di trasmissione per il gas, per l'energia elettrica, per il riscaldamento ed il condizionamento dell'aria, per la ricezione radiotelevisiva e per l'accesso a qualunque altro genere di flusso informativo, anche da satellite o via cavo, e i relativi collegamenti fino al punto di diramazione ai locali di proprietà individuale dei singoli condomini, ovvero, in caso di impianti unitari, fino al punto di utenza, salvo quanto disposto dalle normative di settore in materia di reti pubbliche.

Art. 1117-bis.
Ambito di applicabilità.
Le disposizioni del presente capo si applicano, in quanto compatibili, in tutti i casi in cui più unità immobiliari o più edifici ovvero più condominii di unità immobiliari o di edifici abbiano parti comuni ai sensi dell'articolo 1117.

Capo III

Della modificazione delle destinazioni d'uso e dell'uso delle parti comuni

Al fine di meglio comprendere i principi generali che regolamentano le modificazioni delle destinazioni d'uso delle parti comuni dell'edificio, è importante e necessario dare una veloce lettura all'art 1102 del c.c., utilizzato ante riforma del 2012 e prima dell'entrata in vigore dell'art. 1117-ter. c.c.

Art. 1102.
Uso della cosa comune.
Ciascun partecipante può servirsi della cosa comune, purché non ne alteri la destinazione e non impedisca agli altri partecipanti di farne parimenti uso secondo il loro diritto. A tal fine può apportare a proprie spese le modificazioni necessarie per il miglior godimento della cosa.
Il partecipante non può estendere il suo diritto sulla cosa comune in danno degli altri partecipanti, se non compie atti idonei a mutare il titolo del suo possesso.

Tuttavia, la modificazione delle norme ha prodotto l'art. 1117-ter, che migliora, per alcuni aspetti, la gestione del tema.

Al fine di maggior approfondimento riporto fedelmente il suddetto articolo.

Art. 1117-ter.
Modificazioni delle destinazioni d'uso.
Per soddisfare esigenze di interesse condominiale, l'assemblea, con un numero di voti che rappresenti i quattro quinti dei partecipanti al condominio e i quattro quinti del valore dell'edificio, può modificare la destinazione d'uso delle parti comuni.
La convocazione dell'assemblea deve essere affissa per non meno di trenta giorni consecutivi nei locali di maggior uso comune o negli spazi a tal fine destinati e deve effettuarsi mediante lettera raccomandata o equipollenti mezzi telematici, in modo da pervenire almeno venti giorni

prima della data di convocazione.
La convocazione dell'assemblea, a pena di nullità, deve indicare le
parti comuni oggetto della modificazione e la nuova destinazione d'uso.
La deliberazione deve contenere la dichiarazione espressa che sono
stati effettuati gli adempimenti di cui ai precedenti commi.
Sono vietate le modificazioni delle destinazioni d'uso che possono
recare pregiudizio alla stabilità o alla sicurezza del fabbricato o che ne
alterano il decoro architettonico.

Dott. Piero Antonio Esposito

Capo IV

Della tutela delle destinazioni d'uso

È normale che qualsiasi modificazione, a qualsiasi titolo, non potrà mai compromettere la stabilità dell'edificio ed il suo decoro. Riporto integralmente l'articolo 1117-quater c.c. che dettaglia la tutela delle destinazioni d'uso.

Art. 1117-quater.
Tutela delle destinazioni d'uso.
In caso di attività che incidono negativamente e in modo sostanziale sulle destinazioni d'uso delle parti comuni, l'amministratore o i condomini, anche singolarmente, possono diffidare l'esecutore e possono chiedere la convocazione dell'assemblea per far cessare la violazione, anche mediante azioni giudiziarie. L'assemblea delibera in merito alla cessazione di tali attività con la maggioranza prevista dal secondo comma dell'articolo 1136.

Capo V

Dei diritti dei partecipanti sulle cose comuni

In via di principio tutti i condomini possono godere dei beni comuni, quali il cortile, scale, sottotetti, posti auto, ecc.; questo a prescindere dall'entità di partecipazione della sua quota millesimale. È illegittima l'esclusione di uno o più condomini dal godimento della parte comune o di una porzione di essa. La rinuncia, da parte di un condomino, al diritto sulle cose comuni non lo libera dall'obbligo di versare il suo contributo nelle spese per la conservazione dei beni in questione.

È compito dell'autorità giudiziaria competente accertare, di volta in volta, se gli atti dei singoli condomini, finalizzati ad un maggior godimento personale del bene comune, siano o meno conformi alla destinazione di quest'ultimo e dunque rientranti fra quelli consentiti.

Al fine del consueto approfondimento, riporto integralmente l'articolo 1118 c.c., che migliora la comprensione delle linee di principio da seguire, allo scopo di meglio gestire e comprendere i diritti dei partecipanti sulle cose di uso comune. Ricordiamo il precitato art. 1102, già affrontato, a tutt'oggi in vigore.

Art. 1118.
Diritti dei partecipanti sulle cose comuni.
Il diritto di ciascun condomino sulle parti comuni, salvo che il titolo non disponga altrimenti, è proporzionale al valore dell'unità immobiliare che gli appartiene.
Il condomino non può rinunziare al suo diritto sulle parti comuni.
Il condomino non può sottrarsi all'obbligo di contribuire alle spese per la conservazione delle parti comuni, neanche modificando la destinazione d'uso della propria unità immobiliare, salvo quanto disposto da leggi speciali.
Il condomino può rinunciare all'utilizzo dell'impianto centralizzato di riscaldamento o di condizionamento, se dal suo distacco non derivano notevoli squilibri di funzionamento o aggravi di spesa per gli altri condomini. In tal caso il rinunziante resta tenuto a concorrere al pagamento delle sole spese per la manutenzione straordinaria dell'impianto e per la sua conservazione e messa a norma.

Capo VI

Dell'indivisibilità delle cose comuni

Le parti comuni dell'edificio sono strumentali al godimento delle proprietà dei singoli condomini, per cui da tale vincolo di destinazione funzionale sorgono i caratteri dell'irrinunciabilità e della indivisibilità delle stesse. Per espressa e inderogabile previsione del già citato art. 1118 c.c., il condomino non può rinunciare ai diritti sui beni comuni né sottrarsi all'obbligo di contribuire alle spese per la loro conservazione. La ragione di tale disposizione va ricercata nel fatto che il godimento dei beni comuni è inscindibile dal godimento dei beni di proprietà esclusiva, per cui pur rinunciando alla comproprietà sul bene, il condomino continuerebbe di fatto ad usufruire dello stesso.

L'art. 1119 c.c. sancisce, invece, l'indivisibilità delle parti comuni dell'edificio, "a meno che la divisione possa farsi senza rendere più incomodo l'uso della cosa a ciascun condomino e con il consenso di tutti i partecipanti al condominio".

Com'è evidente, pur nella sua inderogabilità, la disposizione codicistica non prevede l'indivisibilità assoluta delle parti comuni, ma subordina tale eventualità al consenso di tutti i condomini. Anche in tal caso, la ragione del legislatore va ricercata nell'intenzione di evitare una divisione che possa alterare la destinazione funzionale delle parti comuni al servizio delle proprietà esclusive, facendo patire ai singoli condomini una diminuzione nel godimento delle stesse, lasciando, tuttavia, sopravvivere tale possibilità in caso di accordo unanime.

Detto questo, ora prendiamo visione del dettato normativo e delle prescrizioni dell'art. 1119 c.c., di seguito riportato.

Art. 1119.
Indivisibilità.
Le parti comuni dell'edificio non sono soggette a divisione, a meno che la divisione possa farsi senza rendere più incomodo l'uso della cosa a ciascun condomino e con il consenso di tutti i partecipanti al condominio.

Capo VII

Delle innovazioni sulle cose comuni

Ora bisogna affrontare la questione riguardo le innovazioni sulle cose comuni, concetto su cui il codice civile non fornisce una definizione ma ne definisce in parte la qualità, differenziando inoltre tra gravose e voluttuarie.

La giurisprudenza, in mancanza di una definizione codicistica, ha dunque definito le innovazioni come *"le modifiche materiali o funzionali dirette al miglioramento, uso più comodo o al maggior rendimento delle parti comuni"* (Cass. n. 12654/2006).

Da qui si deduce che l'innovazione può riguardare qualcosa di nuovo rispetto allo status quo precedente, un miglioramento di una cosa o un servizio comune già esistente, e dunque si parla di mutazione e/o trasformazione del bene o del servizio rispetto alla sua originaria destinazione.

È chiaro che non tutti gli interventi sulle parti comuni sono da considerarsi innovativi. Infatti, per essere definiti tali, gli interventi devono essere *"diretti al miglioramento o all'uso più comodo o al maggior rendimento delle cose comuni"*, e questi requisiti vanno valutati di caso in caso.

Per una maggior comprensione, si riporta per intero l'art. 1120 c.c..

Art. 1120.
Innovazioni.
I condomini, con la maggioranza indicata dal quinto comma dell'articolo 1136, possono disporre tutte le innovazioni dirette al miglioramento o all'uso più comodo o al maggior rendimento delle cose comuni.
I condomini, con la maggioranza indicata dal secondo comma dell'articolo 1136, possono disporre le innovazioni che, nel rispetto della normativa di settore, hanno ad oggetto:
1) le opere e gli interventi volti a migliorare la sicurezza e la salubrità

degli edifici e degli impianti;
2) le opere e gli interventi previsti per eliminare le barriere architettoniche, per il contenimento del consumo energetico degli edifici e per realizzare parcheggi destinati a servizio delle unità immobiliari o dell'edificio, nonché per la produzione di energia mediante l'utilizzo di impianti di cogenerazione, fonti eoliche, solari o comunque rinnovabili da parte del condominio o di terzi che conseguano a titolo oneroso un diritto reale o personale di godimento del lastrico solare o di altra idonea superficie comune;
3) l'installazione di impianti centralizzati per la ricezione radiotelevisiva e per l'accesso a qualunque altro genere di flusso informativo, anche da satellite o via cavo, e i relativi collegamenti fino alla diramazione per le singole utenze, ad esclusione degli impianti che non comportano modifiche in grado di alterare la destinazione della cosa comune e di impedire agli altri condomini di farne uso secondo il loro diritto.

L'amministratore è tenuto a convocare l'assemblea entro trenta giorni dalla richiesta anche di un solo condomino interessato all'adozione delle deliberazioni di cui al precedente comma. La richiesta deve contenere l'indicazione del contenuto specifico e delle modalità di esecuzione degli interventi proposti. In mancanza, l'amministratore deve invitare senza indugio il condomino proponente a fornire le necessarie integrazioni.

Sono vietate le innovazioni che possano recare pregiudizio alla stabilità o alla sicurezza del fabbricato, che ne alterino il decoro architettonico o che rendano talune parti comuni dell'edificio inservibili all'uso o al godimento anche di un solo condomino.

Dott. Piero Antonio Esposito

Capo VIII

Delle innovazioni gravose o voluttuarie

Il codice conferisce all'assemblea di condominio la facoltà di deliberare su eventuali interventi di modificazione al fine di portare ad un miglioramento del godimento delle cose comuni, nonché rendere più agevole il bene stesso.

Per tali delibere il codice prevede espresse maggioranze, ossia un numero di voti che rappresenti la maggioranza degli intervenuti ed almeno i due terzi del valore dell'edificio, mentre per le innovazioni particolari elencate dal secondo comma dell'articolo 1120 c.c., è previsto un numero di voti che rappresenti la maggioranza degli intervenuti e almeno la metà del valore dell'edificio.

Il codice civile prende inoltre in considerazione (e disciplina all'art. 1121 c.c. successivamente riportato) il caso in cui le innovazioni comportino una spesa molto gravosa o abbiano carattere voluttuario rispetto alle condizioni e all'importanza dell'edificio.

Viene così introdotto il concetto di innovazioni gravose o voluttuarie.

Il codice separa e differisce la gestione di queste innovazioni da quelle citate in precedenza ed è inoltre differente a seconda che i beni e i servizi soggetti ad innovazione siano o meno suscettibili di utilizzazione separata.

Nello specifico, se innovazioni gravose o voluttuarie riguardano cose comuni ad utilizzazione separata, i condomini che non intendono trarne vantaggio sono esonerati da qualsiasi contributo nella spesa per l'innovazione del bene stesso.

La spesa sarà quindi suddivisa solo tra coloro che vogliono beneficiare dell'innovazione.

I condomini dissenzienti o aventi causa, in qualunque momento, possono decidere di partecipare ai vantaggi dell'innovazione: se lo fanno, dovranno contribuire alle spese di esecuzione e di manutenzione dell'opera.

Nel caso in cui l'utilizzazione separata non sia possibile, l'innovazione è consentita solo quando la maggioranza dei condomini che ha approvato la delibera si fa carico della spesa esonerando gli altri condomini.

In caso contrario, non è possibile procedere con l'innovazione gravosa o voluttuaria.

Spesso in assemblea si verificano contrasti riguardo il carattere gravoso o voluttuario di un'opera.

In tale circostanza, l'onere della prova della gravosità e/o della voluttuarietà di un'innovazione grava in capo al condomino dissenziente che voglia essere esonerato dalla relativa spesa.

Art. 1121.
Innovazioni gravose o voluttuarie.

Qualora l'innovazione importi una spesa molto gravosa o abbia carattere voluttuario rispetto alle particolari condizioni e all'importanza dell'edificio, e consista in opere, impianti o manufatti suscettibili di utilizzazione separata, i condomini che non intendono trarne vantaggio sono esonerati da qualsiasi contributo nella spesa.

Se l'utilizzazione separata non è possibile, l'innovazione non è consentita, salvo che la maggioranza dei condomini che l'ha deliberata o accettata intenda sopportarne integralmente la spesa.

Nel caso previsto dal primo comma i condomini e i loro eredi o aventi causa possono tuttavia, in qualunque tempo, partecipare ai vantaggi dell'innovazione, contribuendo nelle spese di esecuzione e di manutenzione dell'opera.

Capo IX

Delle opere su parti di proprietà o uso individuale

La precedente versione della norma attribuiva a ciascun condomino la facoltà di eseguire, su parti di proprietà esclusiva, opere di riparazione, miglioramento o trasformazione, comprese quelle finalizzate al mutamento della destinazione d'uso, purché non recassero pregiudizio alle parti comuni dell'edificio.

Le opere potevano essere eseguite anche senza il consenso dell'assemblea.

Ora, il codice civile nell'art. 1122, sotto riportato, ribadendo il principio enunciato dalla precedente norma, ne amplia in maniera estesa i contenuti e la portata, che si allarga fino a ricomprendere le parti normalmente destinate all'uso comune che siano state attribuite al condomino in proprietà esclusiva o destinate all'uso individuale.

Essa asserisce altresì che tali interventi non debbano arrecare danni alle parti comuni dell'edificio, non possano arrecare pregiudizio alla stabilità, alla sicurezza o al decoro del condominio.

Inoltre, la norma introduce l'obbligo di informare l'Amministrazione prima di procedere, in modo tale da permettergli di riferire all'assemblea.

Art. 1122.
Opere su parti di proprietà o uso individuale.
Nell'unità immobiliare di sua proprietà ovvero nelle parti normalmente destinate all'uso comune, che siano state attribuite in proprietà esclusiva o destinate all'uso individuale, il condomino non può eseguire opere che rechino danno alle parti comuni ovvero determinino pregiudizio alla stabilità, alla sicurezza o al decoro architettonico dell'edificio.
In ogni caso è data preventiva notizia all'amministratore che ne riferisce all'assemblea.

Capo X

Degli impianti non centralizzati di ricezione televisiva e di produzione di energia da fonti rinnovabili

Alcune tipologie di impianti vengono agevolate dalle nuove norme sul condominio, al fine di promuovere servizi quali internet e la diffusione degli impianti per la produzione di energia da fonti rinnovabili.

L'art. 1122-bis, di seguito riportato, afferma la possibilità di realizzare, per il godimento di uno o più condomini, impianti non centralizzati, cioè al servizio di solo una parte delle unità immobiliari e non di tutte (per esempio internet, impianti per la ricezione dei programmi satellitari, ecc.).

Vengono posti dei limiti, oltre quelli già previsti dai regolamenti edilizi ossia che questi impianti debbano arrecare il minor pregiudizio alle parti comuni dell'edificio e non debbano pregiudicare il decoro del condominio, come meglio descritto nel succitato articolo.

L'articolo prosegue permettendo alle singole unità immobiliari di realizzare impianti per la produzione di energia da fonti rinnovabili (come per esempio i pannelli solari) utilizzando come superficie di appoggio sia parti di proprietà individuale degli interessati sia ogni altra superficie comune.

Ovviamente, l'assemblea, con le dovute maggioranze, può regolamentare le modalità di installazione e tutelare sicurezza e decoro dello stabile, anche subordinando l'installazione ad un idonea polizza assicurativa.

Art. 1122-bis.
Impianti non centralizzati di ricezione radiotelevisiva e di produzione di energia da fonti rinnovabili.
Le installazioni di impianti non centralizzati per la ricezione radiotelevisiva e per l'accesso a qualunque altro genere di flusso informativo, anche da satellite o via cavo, e i relativi collegamenti fino al punto di diramazione per le singole utenze sono realizzati in modo da recare il minor pregiudizio alle parti comuni e alle unità immobiliari di proprietà individuale, preservando in ogni caso il decoro architettonico dell'edificio, salvo quanto previsto in

materia di reti pubbliche.

È consentita l'installazione di impianti per la produzione di energia da fonti rinnovabili destinati al servizio di singole unità del condominio sul lastrico solare, su ogni altra idonea superficie comune e sulle parti di proprietà individuale dell'interessato.

Qualora si rendano necessarie modificazioni delle parti comuni, l'interessato ne dà comunicazione all'amministratore indicando il contenuto specifico e le modalità di esecuzione degli interventi.

L'assemblea può prescrivere, con la maggioranza di cui al quinto comma dell'articolo 1136, adeguate modalità alternative di esecuzione o imporre cautele a salvaguardia della stabilità, della sicurezza o del decoro architettonico dell'edificio e, ai fini dell'installazione degli impianti di cui al secondo comma, provvede, a richiesta degli interessati, a ripartire l'uso del lastrico solare e delle altre superfici comuni, salvaguardando le diverse forme di utilizzo previste dal regolamento di condominio o comunque in atto. L'assemblea, con la medesima maggioranza, può altresì subordinare l'esecuzione alla prestazione, da parte dell'interessato, di idonea garanzia per i danni eventuali.

L'accesso alle unità immobiliari di proprietà individuale deve essere consentito ove necessario per la progettazione e per l'esecuzione delle opere. Non sono soggetti ad autorizzazione gli impianti destinati alle singole unità abitative.

Capo XI

Degli impianti di videosorveglianza delle parti comuni

Fino al 2012 non esistevano norme che regolamentassero la videosorveglianza e le telecamere nell'ambito condominiale; questo faceva sì che tutti i condomini erano liberi di utilizzare gli strumenti di sorveglianza a proprio piacimento senza la necessità di avere autorizzazioni o limitazioni, eccezion fatta per gli spazi di pertinenza delle inquadrature.

Ovviamente, così facendo, si creava un problema di privacy e una situazione gravosa per gli altri condomini.

A partire dal 2008, il Garante della privacy aveva segnalato la necessità di regolarizzare la videosorveglianza condominiale ottenendo infine nel 2012 il nuovo art. 1122-ter c.c., che riportiamo per intero, il quale consente l'installazione di un impianto di videosorveglianza nei condominii solo se la delibera sia approvata con almeno 500 millesimi e a maggioranza degli intervenuti. Inoltre gli apparecchi vanno posizionati su parti comuni, eccezion fatta per parti private con consenso del proprietario, le riprese e le inquadrature devono interessare solo parti comuni.

Questa norma si applica anche in presenza di estranei all'interno delle zone esposte a videosorveglianza.

Art. 1122-ter.
Impianti di videosorveglianza sulle parti comuni.
Le deliberazioni concernenti l'installazione sulle parti comuni dell'edificio di impianti volti a consentire la videosorveglianza su di esse sono approvate dall'assemblea con la maggioranza di cui al secondo comma dell'articolo 1136.

Titolo II

Della ripartizione delle spese

Capo I

Della ripartizione generale

La ripartizione delle spese condominiali è interamente regolamentata dall'art. 1123, sotto riportato, eccezion fatta per i casi previsti dall'artt. 1124, 1125, 1126.

Le spese condominiali sono distinte in:

- ordinarie: pulizia scale, ascensore, giardino,guardiola, luminarie delle parti comuni, vuotatura fosse biologiche e pulizie degrassatori, riscaldamento unificato

- straordinarie: ricostruzione del tetto e dei solai, imbiancatura della facciata dello stabile.

Se il contratto di affitto non prescrive diversamente, sono a carico degli inquilini gli oneri per la manutenzione ordinaria, sono a carico dei proprietari gli oneri per la manutenzione straordinaria.

Ogni voce di spesa può essere teoricamente ripartita fra i condomini seguendo una tabella millesimale dedicata.

Un'apposita tabella millesimale per il frazionamento delle spese (ordinarie e straordinarie) di riscaldamento può casomai computare il fatto che il condomino sottoutilizza l' impianto condominiale, fino al caso estremo di posizionare un contatore con allacciamento personale non condominiale, tale da portare a zero del tutto l' imposizione di compartecipazione a tale tipo di onere.

Deve saldare le spese di manutenzione straordinaria dell'edificio chi era condomino nel periodo della delibera assembleare ha ordinato l'esecuzione dei lavori anche se dopo ha venduto l' abitazione se il titolo non preveda altro.

Sezione I

Delle spese per riscaldamento

Il riscaldamento è solitamente una delle voci di spesa più rilevanti.

Se il riscaldamento condominiale è centralizzato, l' installazione di contabilizzatori permette di distribuire parte delle spese in base ai consumi realmente registrati per ogni unità immobiliare, anziché in base ai millesimi di riscaldamento.

In questo modo si incentiva un uso consapevole e l'idea dei singoli, in tema di parsimonia e di efficienza di risparmio energetico negli immobili.

Il D.P.R. 412/1993 introduce una ripartizione dei comuni italiani in sei fasce climatiche, con limiti di orario per il funzionamento delle caldaie condominiali a riscaldamento unificato.

Tali limiti orari non si applicano negli impianti condominiali con termoregolatori e contabilizzazione del calore (art. 9, comma 2 e 6).

Negli immobili dati in locazione, codesto atteggiamento rischia di annullare il risparmio energetico e di incrementare il contenzioso fra inquilini e proprietari, chiamati dalla legge a saldare in solido quando il condomino è moroso.

La termoregolazione e contabilizzazione individuale del calore sono obbligatorie in tutta la UE in base alla disposizione 2012/27/UE art. 9 (anticipata per il settore residenziale dalla disposizione 2010/31/UE «epbd recast»),entro il 30/06/2017: l'Italia ha recepito la disposizione con decreto Lgs. n. 102 del 4 luglio 2014, aggiornato con il d.Lgs 141 del luglio 2017, che impone nei condomini con impianti di riscaldamento unificato in tutta Italia l'imposizione del montaggio di termovalvole e contabilizzatori di calore entro il 30 giugno 2017.

A ciò si aggiungono e sovrappongono precedenti norme regionali, come quelle di Piemonte, Lombardia e Alto Adige.

Già l' articolo 26, comma 5, della legge 10/1991 (come modificata dai d.Lgs. 192/2005 e 311/2006) prevede che la spesa deve essere ripartita in base ai consumi effettivi.

Ora, la nuova norma dispone che l' ammontare totale deve essere frazionato in attinenza agli effettivi prelievi volontari di energia termica utile e ai costi generali per il mantenimento dell'impianto, secondo quanto preannunciato dalla norma tecnica UNI 10200 del 2015, che è l'unica in vigore per la divisione delle spese di riscaldamento.

Il fabbricato deve munirsi di una nuova apposita tavola millesimale per la spartizione delle spese di riscaldamento, o preferibile della quota relativa alle spese generali e all'intensità utile dissipata, cui si aggiunge la quota (prevalente) relativa ai consumi di calore.

Vista l'applicazione spesso molto problematica della norma UNI 10200, con Il d.Lgs 141 del luglio 2017 il legislatore ha derogato abbastanza agevolmente al sistema di frazionamento preannunciato dalla norma UNI 10200: è sufficiente una perizia asseverata che certifica in maniera evidente che nel complesso esistono differenze maggiori del 50% di occorrente termico al m² tra due unità immobiliari (condizione quasi sempre soddisfatta particolarmente in edifici di non recentissima costruzione).

In questo caso l'assemblea condominiale riacquisisce la completa autonomia di decisione su quale criterio vuole utilizzare per la divisione delle spese per il riscaldamento secondo consumi individuali.

Quindi non serve tollerare costi per progetti o calcoli di nuove tabelle millesimali: per la distribuzione delle spese fisse, si continuano tranquillamente ad usare quelle attuali.

Unica condizione che rimane è che la "quota fissa" non può oltrepassare il 30% dei costi totali.

Dopo l' installazione di termovalvole e ripartitori, l'Amministrazione è costretta a ripartire tutte le spese di riscaldamento non più in base ai millesimi di proprietà, ma esclusivamente col sistema dei consumi effettivi, in base alla lettura dei ripartitori.

Deve essere fatta sicuramente una lettura entro la chiusura dell'esercizio e prima dell'approvazione del rendiconto conclusivo condominiale, con relativo conguaglio di spesa fra consumi presunti e consumi rilevati.

Dott. Piero Antonio Esposito

I proprietari possono a loro volta addebitare del tutto l'onere di riscaldamento ai propri inquilini in locazione, a patto che il contratto di affitto registrato (o una successiva aggiunta firmata dalle parti e registrata, per quelli già in corso alla data dei lavori) evidenzi le spese condominiali disgiuntamente dal canone di locazione e dichiari che tali spese sono presunte, e da intendersi salvo conguaglio di fine esercizio per quanto attiene alle spese di riscaldamento.

La spesa di installazione è ammessa nella dichiarazione dei redditi alla decurtazione IRPEF del 50% rimborsata in dieci anni, per i lavori eseguiti dopo gennaio 2015.

l' Amministrazione deve provare ai condomini la quota versata, ai fini della detrazione.

Dal punto di vista specialistico, la contabilizzazione può essere:

- diretta con un subentrante a due sensori (entalpia in entrata ed entalpia in uscita del fluido termovettore) posto all'esterno dell'unità immobiliare se l' impianto descrive un circuito chiuso, non disponibile ad altre unità immobiliari;
- indiretta: su ogni corpo scaldante è installato un ripartitore per costi riscaldamento, (heat cost allocator), con codice identificativo, password di accesso al SW (nota alla ditta installatrice/manutentrice), fermo automatico e rilevazione elettronica delle manomissioni. Il ripartitore può essere a sensore individuale che misura la temperatura del corpo scaldante, altrimenti a due sensori, se misura anche la temperatura ambiente.

La misura della temperatura ambiente è soggetta ad errori (anche intenzionali da parte del conduttore) se sono presenti mensole, coperture o altri diatermici che la fanno sembrare più alta, sottostimando il reale impiego di calore.
Il problema semplicemente si sposta, se per la rilevazione della temperatura ambiente, viene applicata una sonda di rilevazione a distanza.

Per evitare questi errori, in caso contrario quando il sensore è unico, o sussistono errori di rilevazione, ripartitori omologati impostando la temperatura ambiente su un valore fisso, senza rilevazione, in genere pari al {massimo|assoluto|estremo|maggiore|principale|supremo} di legge (20 °C).

I ripartitori per costi riscaldamento sono normati dalla norma europea UNI EN 834.

Per un risparmio diretto, l' assemblea condominiale può emanare l' adozione di valvole termostatiche con una temperatura massima inferiore a quella consentita per legge (ad esempio 15° piuttosto che 20). Già nel 1991 la legge (art.26 co.5 L.10/91) prevedeva la possibilità di una rilevazione a consuntivo dei consumi, con decisioni prese a maggioranza semplice dall'assemblea condominiale.

Lombardia, Piemonte e Alto Adige, con leggi regionali, avevano già reso obbligatoria l'installazione di impianti di termoregolazione (valvola termostatica) e contabilizzazione del calore in tutti i condomini prima dell'entrata in vigore della legge nazionale.

I consumi possono essere totalizzati mediante connessione wireless dei ripartitori a dei totalizzatori posti ai singoli piani dello stabile, o mediante lettura annuale. L' Amministrazione di condominio provvede a fine anno a razionare la spesa.

Con le innovazioni del D. Lgs.311/2006, entrato in vigore il 2 febbraio 2007, la facoltà distacco individuale dall'impianto unificato non esiste più.

Fino al 2006, in base alla legge n.10/199 art. 26 comma 2, il singolo condomino ha diritto a distaccarsi dall'apparecchiatura centralizzata, senza che codesto sia previsto appositamente dal regolamento condominiale cioè previa delibera dell'assemblea, restando tenuto a concorrere al versamento delle sole spese di manutenzione straordinaria dell'impianto e per la sua manutenzione e messa a norma.

Tale diritto non sussiste se dal suo distacco derivano notevoli squilibri di andamento o aggravi di spesa per gli altri condomini.

Nello stesso senso, muove il DPR 59/2009 del 2-4-2009 (attuazione delle norme europee sul produttività energetica in edilizia in rimando al D.Lgs.192/2005) all'art.4 commi 9 e 10, stabilisce poi che la realizzazione di impianti autonomi (anche in esito a distacco individuale) possa essere consentita solo in casi eccezionali, documentati nella relazione energetica, nei quali non sia possibile il riscaldamento centralizzato.

Le norme europee, e quelle in loro recepimento, tengono conto del fattore ambientale, e che a parità di stato dell'arte della tecnologia, una caldaia e un impianto consentono una superiore efficienza energetica, sia in termini di inferiore consumo che di emissioni inquinanti (v. anche cassazione), rispetto ad impianti termoautonomo unifamiliari, oltre al beneficio di poter verificare più agevolmente il suo adeguamento anche alle norme di sicurezza, con controlli periodici.

Art. 1123.
Ripartizione delle spese.

Le spese necessarie per la conservazione e per il godimento delle parti comuni dell'edificio per la prestazione dei servizi nell'interesse comune e per le innovazioni deliberate dalla maggioranza sono sostenute dai condomini in misura proporzionale al valore della proprietà di ciascuno, salvo diversa convenzione.

Se si tratta di cose destinate a servire i condomini in misura diversa, le spese sono ripartite in proporzione dell'uso che ciascuno può farne.

Qualora un edificio abbia più scale, cortili, lastrici solari, opere o impianti destinati a servire una parte dell'intero fabbricato, le spese relative alla loro manutenzione sono a carico del gruppo di condòmini che ne trae utilità.

Capo II

Della manutenzione e sostituzione delle scale e degli ascensori

Esistono dei casi particolari nell'ambito della ripartizione delle spese, come quello descritto dall'art.1124 c.c., che riporto in seguito, riguardante le spese per la manutenzione o sostituzione delle scale e degli ascensori.

In questi casi, le spese si addossano ai proprietari a cui servono, metà in funzione del valore delle unità immobiliari e metà in maniera proporzionale all'altezza di ciascun piano.

Questa norma si applica nel caso in cui si debba procedere solo alla sostituzione, ricostruzione e manutenzione degli impianti già installati.

Quando invece si deve procedere all'installazione ex novo dell'impianto dell'ascensore, la ripartizione delle spese viene eseguita in base al suddetto art. 1123 c.c..

Art. 1124.
Manutenzione e sostituzione delle scale e degli ascensori.
Le scale e gli ascensori sono mantenuti e sostituiti dai proprietari delle unità immobiliari a cui servono. La spesa relativa è ripartita tra essi, per metà in ragione del valore delle singole unità immobiliari e per l'altra metà esclusivamente in misura proporzionale all'altezza di ciascun piano dal suolo.
Al fine del concorso nella metà della spesa, che è ripartita in ragione del valore, si considerano come piani le cantine, i palchi morti, le soffitte o camere a tetto e i lastrici solari, qualora non siano di proprietà comune.

Capo III

Della manutenzione e ricostruzione dei soffitti, delle volte e dei solai

Riporto un'altra eccezione alla ripartizione delle spese prescritte nell'art. 1123 c.c., disciplinata dall'art. 1125 c.c., di cui sotto.

Art. 1125.
Manutenzione e ricostruzione dei soffitti, delle volte e dei solai.

Le spese per la manutenzione e ricostruzione dei soffitti, delle volte e dei solai sono sostenute in parti eguali dai proprietari dei due piani l'uno all'altro sovrastanti, restando a carico del proprietario del piano superiore la copertura del pavimento e a carico del proprietario del piano inferiore l'intonaco, la tinta e la decorazione del soffitto.

Capo IV

Dei lastrici solari di uso esclusivo

Un'altra eccezione alla ripartizione delle spese prescritte nell'art. 1123 c.c., disciplinata dall'art. 1126 c.c., che riporto integralmente, riguarda i lastrici solari di uso esclusivo, le cui spese di manutenzione vanno ripartite seguendo la seguente norma.

Art. 1126.
Lastrici solari di uso esclusivo.
Quando l'uso dei lastrici solari o di una parte di essi non è comune a tutti i condomini, quelli che ne hanno l'uso esclusivo sono tenuti a contribuire per un terzo nella spesa delle riparazioni o ricostruzioni del lastrico; gli altri due terzi sono a carico di tutti i condomini dell'edificio o della parte di questo a cui il lastrico solare serve, in proporzione del valore del piano o della porzione di piano di ciascuno.

Capo V

Della costruzione sopra l'ultimo piano dell'edificio

Il proprietario dell'ultimo piano o del terrazzo può, grazie al diritto di sopraelevazione, costruire un nuovo piano o qualsiasi altra struttura, aumentando l'altezza dello stabile.

Come stabilito dalla cassazione, il proprietario dell'ultimo piano o del lastrico solare che intende esercitare il proprio diritto di sopraelevazione non deve chiedere l'autorizzazione dei proprietari dei piani sottostanti, ma deve rispettare i seguenti punti:

- la costruzione non deve pregiudicare la stabilità dell'edificio (l'edificio e le sue strutture devono sopportare il peso della stessa e le sollecitazioni di origine sismica);
- non deve pregiudicare l'aspetto o il decoro architettonico dell'edificio;
- non deve portare ad una diminuzione notevole dell'aria o della luce dei piani sottostanti;
- non deve esistere una specifica previsione del regolamento condominiale convenzionale.

Nel caso in cui una di queste prescrizioni non sia rispettata, i singoli condomini possono opporsi alla costruzione.

In qualsiasi caso, il proprietario che intende costruire una nuova sopraelevazione, deve essere in regola con le concessioni comunali e i permessi di costruire e deve corrispondere agli altri condomini un'indennità come descritto nell'art. 1127 c.c..

Per non incorrere in prescrizione, i condomini controinteressati, o il condominio, devono presentare opposizione entro vent'anni dalla realizzazione del manufatto.

La regolamentazione viene prescritta dall'art. 1127 c. c., che riporto integralmente.

Art. 1127.
Costruzione sopra l'ultimo piano dell'edificio.
Il proprietario dell'ultimo piano dell'edificio può elevare nuovi piani o nuove fabbriche, salvo che risulti altrimenti dal titolo. La stessa facoltà spetta a chi è proprietario esclusivo del lastrico solare.

La sopraelevazione non è ammessa se le condizioni statiche dell'edificio non la consentono.

I condomini possono altresì opporsi alla sopraelevazione, se questa pregiudica l'aspetto architettonico dell'edificio ovvero diminuisce notevolmente l'aria o la luce dei piani sottostanti.

Chi fa la sopraelevazione deve corrispondere agli altri condomini un'indennità pari al valore attuale dell'area da occuparsi con la nuova fabbrica, diviso per il numero dei piani, ivi compreso quello da edificare, e detratto l'importo della quota a lui spettante. Egli è inoltre tenuto a ricostruire il lastrico solare di cui tutti o parte dei condomini avevano il diritto di usare.

Capo VI

Del perimento totale o parziale dell'edificio

Il codice regola l'ipotesi del perimento totale o parziale dell'edificio, determinato da cause indipendenti dalla volontà dei condomini. Laddove l'edificio perisca interamente o per una parte che rappresenti i tre quarti dell'intero, il condominio può considerarsi sciolto; conseguentemente, permanendo in capo ai condomini la proprietà del suolo o dei materiali, ciascuno di essi può richiederne la vendita all'asta.

Rimane comunque il problema della determinazione dei tre quarti del valore, che in edifici particolari, potrebbe interessare anche la minor parte del volume dell'edificio.

Resta dunque di grande importanza l'interpretazione dell'art. 1128 c.c. che riporto integralmente.

Art. 1128.
Perimento totale o parziale dell'edificio.
Se l'edificio perisce interamente o per una parte che rappresenti i tre quarti del suo valore, ciascuno dei condomini può richiedere la vendita all'asta del suolo e dei materiali, salvo che sia stato diversamente convenuto.
Nel caso di perimento di una parte minore, l'assemblea dei condomini delibera circa la ricostruzione delle parti comuni dell'edificio, e ciascuno è tenuto a concorrervi in proporzione dei suoi diritti sulle parti stesse.
L'indennità corrisposta per l'assicurazione relativa alle parti comuni è destinata alla ricostruzione di queste.
Il condomino che non intende partecipare alla ricostruzione dell'edificio è tenuto a cedere agli altri condomini i suoi diritti, anche sulle parti di sua esclusiva proprietà, secondo la stima che ne sarà fatta, salvo che non preferisca cedere i diritti stessi ad alcuni soltanto dei condomini.

Titolo III

Dell'Amministrazione di condominio

Capo I

Dell'istituto dell'Amministrazione

L'Amministrazione è l'organo che esegue le deliberazioni dell'assemblea, riscuote i contributi dai condomini ed eroga le spese occorrenti per la direzione e la manutenzione, redige il bilancio annuale (bilancio condominiale), rappresenta il fabbricato nei procedimenti giudiziari nei quali è parte.

Questi dura in carica un anno, ma può essere revocato in ogni momento, salvi i danni. Nomina, revoca e determinazione della retribuzione dell'Amministrazione spettano all'assemblea con la maggioranza dei presenti (anche per delega) all'assemblea che rappresentino <un numero di voti che rappresenti la maggioranza degli intervenuti e almeno la metà del valore dell'edificio> (art. 1136 2° comma).

L' Amministrazione può essere revocata dall'autorità giudiziaria competente, su richiesta di quantomeno un condomino, nel momento in cui vi sono fondati sospetti di gravi anomalie nella conduzione, quando non rende il conto per due anni consecutivi o quando, essendogli stato notificato un atto di citazione, non ne informa rapidamente l'assemblea.

Fondamentale evidenziare la durata annuale che, a continuazione della riforma del 2012, ha portato ad interpretazioni distinte. L'interpretazione più affine agli interessi della compagine assembleare vuole granitica l'estensione annuale del mandato.

Sezione I

Del corso di formazione iniziale

Al fine di una maggiore comprensione, riportiamo le prescrizioni del D.M. 140/2014

D.M. 140/2014

Il corso deve affrontare e approfondire le seguenti tematiche, al fine di trasmettere le adeguate conoscenze:

- *l'Amministrazione condominiale, con particolare riguardo ai compiti e ai poteri dell'Amministratore;*

- *la sicurezza degli edifici, con particolare riguardo ai requisiti di staticità e di risparmio energetico, ai sistemi di riscaldamento e di condizionamento, agli impianti idrici, elettrici e agli ascensori e montacarichi, alla verifica della manutenzione delle parti comuni degli edifici ed alla prevenzione incendi;*

- *le problematiche in tema di spazi comuni, regolamenti condominiali, ripartizione dei costi in relazione alle tabelle millesimali;*

- *i diritti reali, con particolare riguardo al condominio degli edifici ed alla proprietà edilizia;*

- *la normativa urbanistica, con particolare riguardo ai regolamenti edilizi, alla legislazione speciale delle zone territoriali di interesse per l'esercizio della professione ed alle disposizioni sulle barriere architettoniche;*

- *i contratti, in particolare quello d'appalto ed il contratto di lavoro subordinato;*

- *le tecniche di risoluzione dei conflitti;*
- *l'utilizzo degli strumenti informatici;*
- *la contabilità.*

l luogo di sviluppo del corso dovrà essere una delle sedi abilitate presenti in Italia.

Sezione II

Della nomina dell'Amministrazione di condominio

La nomina dell'Amministrazione è prevista dal Codice Civile Italiano all'art. 1129.

La legge quindi non prevede sanzioni per i condomini che non adempiano all'obbligo, ma un solo condomino (o l'Amministrazione uscente) può ricorrere al tribunale e ottenere la nomina giudiziaria di un'Amministrazione, nei condomini laddove ne è prevista l'obbligatorietà.

L'Amministrazione può essere nominata, come meglio specificato dall'art. 1129:

- dall'assemblea dei condomini, con la dovuta maggioranza;

- in assenza, ove i condomini siano minimo nove e l' assemblea non vi provveda o non si raggiunga una maggioranza su nessun pretendente, dal tribunale ordinario, in sede di volontaria giurisdizione.

La carica dell'Amministrazione fatta dal costruttore e/o venditore di un fabbricato, anche se inserita nel rogito di acquisto, è nulla.

La carica dell'Amministrazione è vincolata alla legge e sono necessari i seguenti requisiti:

1) la maggioranza degli intervenuti all'assemblea in relazione alle teste;

2) la metà del valore del complesso (cioè 500 millesimi su 1.000, cfr. art. 1136, secondo comma, c.c., nei condomini a 1000 millesimi totali di proprietà).

Sezione III

Del compenso dell'Amministrazione di condominio

Il codice civile all'art. 1135 dispone che l'assemblea di condominio provveda alla nomina dell'Amministrazione e all'eventuale emolumento.

In base all'art. 1709 c.c. il mandato si presume oneroso.

Art. 1709.
Presunzione di onerosità.
Il mandato si presume oneroso. La misura del compenso, se non e' stabilita dalle parti, e' determinata in base alle tariffe professionali o agli usi; in mancanza e' determinata dal giudice.

La misura dell'emolumento, se non è stabilita dalle parti, è determinata in base alle tariffe professionali o agli usi; in assenza, è determinata dal giudice competente.

L'art. 2260 c.c. recita che i diritti e gli obblighi degli Amministratori sono regolati dalle norme sul mandato; di conseguenza, in base a una rappresentazione analogica, lo stipendio dell'Amministrazione si presume legittimo se il contrario non è verbalizzato dall'assemblea di condominio al momento della nomina e nelle successive conferme.

Ricordo tuttavia che la norma che regolamenta la nomina e la determinazione del suo emolumento per l'Amministrazione di condominio è quella che successivamente sarà riportata, ossia 1129 c.c..

Art. 2260.
Diritti e obblighi degli amministratori.
I diritti e gli obblighi degli amministratori sono regolati dalle norme

sul mandato [c.c. 1703].
Gli Amministratori sono solidalmente responsabili [c.c. 1292] verso la
società per l'adempimento degli obblighi ad essi imposti dalla legge e
dal contratto sociale [c.c. 2281]. Tuttavia la responsabilità non si
estende a quelli che dimostrino di essere esenti da colpa [c.c. 2392].

E' possibile che l'Amministrazione presti la sua opera a titolo gratuito, ad esempio quando trattasi di un condomino.

La giurisprudenza ha precisato che l'incarico si presume retribuito fino a prova contraria.

Se non è stato pattuito diversamente nella delibera di investitura, non spettano all'Amministrazione compensi per assemblee ulteriori a quella annuale (Cass. n. 3596 del 12/3/03) in quanto, a differenza di quanto avviene nelle assemblee delle società, esse costituiscono eventi accessori alla gestione ordinaria del condominio.

Non esiste il significato di assemblea straordinaria poiché non è prevista alcuna possibilità di voto, diritti dei partecipanti o maggioranze di tipo differente (salvo quella tra prima e seconda convocazione).

In tali assemblee si decide sulle stesse materie di cui alle assemblee ordinarie.

Questione controversa è la sussistenza del diritto al compenso per i lavori straordinari, salvo stabilito contestualmente nella delibera di nomina.

La cassazione non si è al momento pronunciata in proposito e le Corti di merito presentano indirizzi contrastanti.

A tal proposito, il Pretore di Perugia (Pret. PG n. 9/98) individua nel 2% della somma dei lavori il corretto compenso per l' Amministrazione secondo gli usi correnti per il compimento dei lavori straordinari, dato che l'Amministrazione si impegna in misura prevalente maggiore rispetto alle competenze stabilite per legge.

Il tribunale di Genova, al contrario, si è pronunciato nel senso che l'onorario contenga anche la direzione di eventuali lavori anche di cospicua entità (Trib. GE n. 1501/01), in quanto l'Amministrazione, ove rilevi che il salario non sia più congruo, può decidere di dare le dimissioni.

L'assemblea dei condomini contratta e approva le proposte preventive presentate dai candidati.

Queste proposte abitualmente possono chiarire il compenso, a tariffa (con tariffazione per ogni singola attività), forfettizzato (con una somma stabilita inizialmente) o misto (uno stipendio forfettario con predizione di somme ulteriori in supposizione di lavori o assemblee straordinarie).

La giurisprudenza afferma che non è ammesso alcun listino stabilito tra Amministrazioni o associazioni di Amministrazioni, accordo che sarebbe in altro modo prova di una condizione di cartello di imprese, vietato dalla legge sulla libera competizione.

L'antitrust ha vietato l'applicazione di tariffari collettivi.

Sezione IV

Della cessazione e revoca dell'Amministrazione di condominio

L' incarico dell'Amministrazione di condominio cessa nei casi in cui vi sia:

- revoca da parte dell'assemblea condominiale;

- disdetta da parte dell'autorità giudiziaria competente;

- dimissioni volontarie;

- attribuzione dell'incarico ad altra Amministrazione.

Si può giungere alla revoca in assemblea, con le prescrizioni indicate dal 1136, anche senza causa (art. 1136 del codice civile).

I condomini hanno il dovere di provvedere ad accordare il salario fino alla fine dell'arco contrattuale concordato.

L'annullamento da parte delle autorità giudiziarie, su appello di uno o più condomini, può avvenire nei seguenti casi (ex art. 1129, sotto riportato, e art. 1131, comma 4, c.c. - come integralmente riportato):

- L'Amministrazione di condominio ha ricevuto un atto giudiziario che non rientra nelle sue competenze e non ne ha dato tempestiva informazione all'assemblea (in codesto caso è tenuto anche al rimborso dei danni);

- Vi sono fondati sospetti di gravi anomalie (a dimostrazione fatti che denotano che l' Amministrazione antepone interessi personali a quelli attinenti al condominio);

- Non rende il conto della gestione convocando l'assemblea nei termini prescritti anche un solo anno.

La riforma del condominio del 2012, ha steso un' elenco di casi che rientrano nella qualifica di grave anomalia, le quali fanno scattare l'annullamento giudiziario (su domanda di almeno un condomino), nel caso l'Amministrazione non assolvesse gli obblighi (art. 1129) o sconfini dalle sue attribuzioni, come da art. 1130.

Le disposizioni del tribunale relative alla istanza di nomina o di revoca dell' Amministrazione, anche quando si inserisce in una condizione di scontro tra condomini, si risolve in un espediente di volontaria giurisdizione, cioè in un intervento essenzialmente amministrativo, privo degli effetti di una vera e propria sentenza.

Non si applicano, tuttavia, le regole sulla condanna alle spese, che prevedono di norma il risarcimento delle spese in beneficio del vincente e a carico del perdente.

Le spese restano dunque a carico delle parti che le hanno anticipate (Cass. 26-09-2005, n. 18730, Cass. 30.3.2001 n. 4706).

Di rilievo è la novità che l'Amministrazione revocata giudiziariamente non può più essere nominato dalla assemblea, anche se la maggioranza lo volesse, contro il desiderio dei condomini che hanno agito giudizialmente (art. 1129, comma 13 c.c.).

Per approfondire meglio, si riporta integralmente l'art. 1129 c.c. che prescrive nomina, revoca ed obblighi dell'Amministratore.

Dott. Piero Antonio Esposito

Art. 1129.
Nomina, revoca ed obblighi dell'amministratore.

Quando i condomini sono più di otto, se l'assemblea non vi provvede, la nomina di un amministratore è fatta dall'autorità giudiziaria su ricorso di uno o più condomini o dell'amministratore dimissionario. Contestualmente all'accettazione della nomina e ad ogni rinnovo dell'incarico, l'amministratore comunica i propri dati anagrafici e professionali, il codice fiscale, o, se si tratta di società, anche la sede legale e la denominazione, il locale ove si trovano i registri di cui ai numeri 6) e 7) dell'articolo 1130, nonché i giorni e le ore in cui ogni interessato, previa richiesta all'amministratore, può prenderne gratuitamente visione e ottenere, previo rimborso della spesa, copia da lui firmata.

L'assemblea può subordinare la nomina dell'amministratore alla presentazione ai condomini di una polizza individuale di assicurazione per la responsabilità civile per gli atti compiuti nell'esercizio del mandato.

L'amministratore è tenuto altresì ad adeguare i massimali della polizza se nel periodo del suo incarico l'assemblea deliberi lavori straordinari. Tale adeguamento non deve essere inferiore all'importo di spesa deliberato e deve essere effettuato contestualmente all'inizio dei lavori.

Nel caso in cui l'amministratore sia coperto da una polizza di assicurazione per la responsabilità civile professionale generale per l'intera attività da lui svolta, tale polizza deve essere integrata con una dichiarazione dell'impresa di assicurazione che garantisca le condizioni previste dal periodo precedente per lo specifico condominio.

Sul luogo di accesso al condominio o di maggior uso comune, accessibile anche ai terzi, è affissa l'indicazione delle generalità, del domicilio e dei recapiti, anche telefonici, dell'amministratore.

In mancanza dell'amministratore, sul luogo di accesso al condominio o di maggior uso comune, accessibile anche ai terzi, è affissa l'indicazione delle generalità e dei recapiti, anche telefonici, della persona che svolge funzioni analoghe a quelle dell'amministratore.

L'amministratore è obbligato a far transitare le somme ricevute a qualunque titolo dai condomini o da terzi, nonché quelle a qualsiasi titolo erogate per conto del condominio, su uno specifico conto corrente, postale o bancario, intestato al condominio; ciascun condomino, per il tramite dell'amministratore, può chiedere di prendere visione ed estrarre copia, a proprie spese, della rendicontazione periodica.

Alla cessazione dell'incarico l'amministratore è tenuto alla consegna di tutta la documentazione in suo possesso afferente al condominio e ai singoli condomini e ad eseguire le attività urgenti al fine di evitare pregiudizi agli interessi comuni senza diritto ad ulteriori compensi. Salvo che sia stato espressamente dispensato dall'assemblea, l'amministratore è tenuto ad agire per la riscossione forzosa delle somme dovute dagli obbligati entro sei mesi dalla chiusura dell'esercizio nel quale il credito esigibile è compreso, anche ai sensi dell'articolo 63, primo comma, delle disposizioni per l'attuazione del presente codice.

L'incarico di amministratore ha durata di un anno e si intende rinnovato per eguale durata.

L'assemblea convocata per la revoca o le dimissioni delibera in ordine alla nomina del nuovo amministratore.

La revoca dell'amministratore può essere deliberata in ogni tempo dall'assemblea, con la maggioranza prevista per la sua nomina oppure con le modalità previste dal regolamento di condominio. Può altresì essere disposta dall'autorità giudiziaria, su ricorso di ciascun condomino, nel caso previsto dal quarto comma dell'articolo 1131, se non rende il conto della gestione, ovvero in caso di gravi irregolarità. Nei casi in cui siano emerse gravi irregolarità fiscali o di non ottemperanza a quanto disposto dal numero 3) del dodicesimo comma del presente articolo, i condomini, anche singolarmente, possono chiedere la convocazione dell'assemblea per far cessare la violazione e revocare il mandato all'amministratore. In caso di mancata revoca da parte dell'assemblea, ciascun condomino può rivolgersi all'autorità giudiziaria; in caso di accoglimento della domanda, il ricorrente, per le spese legali, ha titolo alla rivalsa nei confronti del condominio, che a sua volta può rivalersi nei confronti dell'amministratore revocato.

Costituiscono, tra le altre, gravi irregolarità:
1) l'omessa convocazione dell'assemblea per l'approvazione del rendiconto condominiale, il ripetuto rifiuto di convocare l'assemblea per la revoca e per la nomina del nuovo amministratore o negli altri casi previsti dalla legge;
2) la mancata esecuzione di provvedimenti giudiziari e amministrativi, nonché di deliberazioni dell'assemblea;
3) la mancata apertura ed utilizzazione del conto di cui al settimo

comma;
4) la gestione secondo modalità che possono generare possibilità di confusione tra il patrimonio del condominio e il patrimonio personale dell'amministratore o di altri condomini;
5) l'aver acconsentito, per un credito insoddisfatto, alla cancellazione delle formalità eseguite nei registri immobiliari a tutela dei diritti del condominio;
6) qualora sia stata promossa azione giudiziaria per la riscossione delle somme dovute al condominio, l'aver omesso di curare diligentemente l'azione e la conseguente esecuzione coattiva;
7) l'inottemperanza agli obblighi di cui all'articolo 1130, numeri 6), 7) e 9);
8) l'omessa, incompleta o inesatta comunicazione dei dati di cui al secondo comma del presente articolo.

In caso di revoca da parte dell'autorità giudiziaria, l'assemblea non può nominare nuovamente l'amministratore revocato.
L'amministratore, all'atto dell'accettazione della nomina e del suo rinnovo, deve specificare analiticamente, a pena di nullità della nomina stessa, l'importo dovuto a titolo di compenso per l'attività svolta.
Per quanto non disciplinato dal presente articolo si applicano le disposizioni di cui alla sezione I del capo IX del titolo III del libro IV.
Il presente articolo si applica anche agli edifici di alloggi di edilizia popolare ed economica, realizzati o recuperati da enti pubblici a totale partecipazione pubblica o con il concorso dello Stato, delle regioni, delle province o dei comuni, nonché a quelli realizzati da enti pubblici non economici o società private senza scopo di lucro con finalità sociali proprie dell'edilizia residenziale pubblica.

Capo II

Delle attribuzioni, competenze, compiti, doveri e poteri dell'Amministrazione di condominio

Sezione I

Delle competenze giuridiche

L'Amministrazione deve conoscere le norme del codice civile che regolano la disciplina e tutte le norme che possano in qualche modo coinvolgere il condominio nei suoi aspetti civilistici e penalistici.

L'Amministrazione deve aggiornarsi costantemente, allo scopo di consentire una conoscenza approfondita delle norme sulla:

- responsabilità civile;
- diritti sulle cose mobile e immobili;
- dei diritti sulle obbligazioni e di credito, diritto di garanzia (pegno e ipoteca);
- sui vari aspetti del diritto di proprietà (confini, immissioni, ecc.) e diritti reali (uso, abitazione, usufrutto...).

Per di più l'Amministrazione dovrà avere ampie conoscenze in ambito assicurativo e urbanistico, con piena conoscenza delle norme comunali che possono mutare in modo differente dalla normativa vigente.

Dovrà egli avere anche competenze approfondite in tema di comunicazione socio-psicologica, mediazioni e negoziazioni legali, nuovi strumenti di intesa obbligatoria in condominio.

In conclusione, altre competenze da possedere sono quelle:

- tecniche;
- fiscali;
- contabili.

L'Amministrazione del condominio può incaricare tutti i compiti descritti, separatamente, o a gruppi, a professionisti competenti per gli specifici settori, rimanendo però il possessore dell'incarico.

Fondamentalmente dall'Amministrazione è preteso il senso di responsabilità e rigorosità del buon padre di famiglia, ma se il mandato è gratuito, la responsabilità per colpa è valutata con minor rigidità.

Sezione II

Delle competenze tecniche

L'Amministrazione esperta deve avere le competenze tecniche per sostenere le discussioni con gli altri professionisti in merito ai progetti di rinnovo e agli interventi ordinari e straordinari da effettuarsi nel condominio, compresi i progetti esecutivi implementati dalle imprese.

Gli artt. 1124, 1125, 1126 c.c. citano altri esempi, cosi come integralmente riportati:

• manutenzione e ricostruzione delle scale;
• manutenzione e ricostruzione dei soffitti, delle volte e dei solai;
• lastrici solari.

L' Amministrazione deve avere le competenze tecniche per discutere in merito ai lavori da eseguirsi su tutti gli impianti e i beni elencati come descritto nell'art. 1117 del codice civile.

Sezione III

Delle competenze contabili e di riparto

L'Amministrazione condominiale deve redigere, produrre e presentare il rendiconto condominiale, con le caratteristiche come prescritte nell'art. 1130-bis.

L'Amministrazione per di più deve conservare, controllare e mantenere la contabilità dello stabile.

L'assemblea condominiale decreta sulle spese necessarie per la conservazione, la cura, il mantenimento e la salvaguardia delle parti condominiali; i proprietari sono responsabili in solido e i creditori non possono agire nei confronti degli obbligati in regola con i pagamenti se non dopo l' escussione degli altri condomini (art. 63 delle disposizioni per l' attuazione del codice civile).

Per il possedimento dei conti di un condominio sono necessarie competenze in tema di ragioneria al fine di gestire la contabilità:

- dei versamenti dei condomini;

- delle fatture dei fornitori;

- dei pagamenti ai fornitori;

- delle spese su addebiti personali;

- dei versamenti delle ritenute d'acconto (codici tributo);

- dei pagamenti immediati (spese bancarie, scontrini, offerte sala assemblea);

- dei rimborsi ai condomini;

- dei crediti e delle entrate varie;

- dei giroconti;

- delle spese anticipate dall'Amministrazione;

- delle spese condominiali e personali a preventivo;

- dei fondi di riserva;

- degli addebiti personali per bollettini, postali e interessi per rate non versate;

- della tenuta dell'inventario.

Per il corretto movimento dei debiti e dei crediti ogni gruppo di spesa è associata a una tabella millesimale in quanto, come stabilito dagli artt. 1123 (di seguito riportato integralmente), 1124, 1125, 1126 e soprattutto 1117 c.c. (già precedentemente riportato), le spese sono ripartite in proporzione all'uso della cosa comune e quindi, per ogni registrazione, la spesa deve essere ripartita tra il gruppo di condomini che ne trae utilità, cioè paga chi gode del bene comune. Le spese delle pulizie sono a carico dell'appartamento anche se non è abitato.

Per ogni anno gestionale, l'Amministrazione predispone il bilancio consuntivo o rendiconto condominiale, entro 180 giorni dalla chiusura dell'esercizio.

In esso sono riportate le entrate e le uscite di cassa, la condizione dei crediti e debiti del condominio e di ogni condomino e il quadro dei conti correnti e dei fondi.

Nel caso di registrazione di una fattura, sono necessarie le seguenti operazioni:

- Annotazione nella ragioneria del programma gestionale del registro della contabilità della spesa/fattura di approvvigionamento del bene e/o servizio ;

- Annotazione nella ragioneria del programma gestionale in maniera da effettuare il pagamento della spese a e/o fattura (movimentazione del deflusso di cassa nel solo programma gestionale);

- Annotazione in ragioneria della ritenuta d'acconto solo quando il deflusso di cassa è avvenuto dal conto corrente bancario;

- Versamento della ritenuta d' acconto da effettuarsi entro il 16 del mese successivo;

- Asportazione della quietanza (accettata o rifiutata) che nei giorni successivi al versamento il metodo elettronico dell'istituzione delle entrate deposita nell'Home banking (oppure viene depositata sul sito dell'agenzia nell'account personale).

Le ritenute d'acconto devono essere riepilogate nel mod. 770.

Dott. Piero Antonio Esposito

È previsto l'invio di tale tabulato con metodo telematico all'Agenzia delle Entrate.

La conformità della dichiarazione e dei dati in essa contenuti arriva solo l'anno seguente; perciò fatture, quietanze e dichiarazioni dovranno essere conservati per eventuali successivi controlli fiscali.

Sezione IV

Delle responsabilità fiscali

Va premesso che nessuna legge vieta, con precisa delibera assembleare, di suggerire come delegato tributario un condomino o un professionista adatto, differente dall'Amministrazione condominiale.

In tal caso, l' Amministrazione condominiale fornirà al delegato fiscale indicazione tempestiva su ogni versamento e garantirà la capienza per i prelievi, autorizzati dal delegato tributario, operati dall'Agenzia delle Entrate.

Bisogna però prendere atto che molti Amministratori già incaricano un commercialista per tale operazione, restando tuttavia il delegato fiscale.

La distinzione della rappresentanza tributaria da quella dell'Amministrazione permette un preciso controllo sull'operato contabile dell'Amministrazione e una superiore certezza sul rispetto degli obblighi fiscali, essendo coinvolti due professionisti distinti.

Sezione V

Delle ritenute d'acconto

Il condominio è soggetto sostituto d' imposta e quindi il delegato fiscale (di norma l'Amministrazione), per conto del fabbricato stesso, è tenuto a eseguire e pagare le ritenute di acconto entro il 16 di ogni mese.

In caso di mancato o ritardato pagamento di tale ritenuta, il condominio è sottoposto a sanzioni e interessi di mora.

Sezione VI

Delle certificazioni sostituto d'imposta

Il delegato fiscale, ossia l' Amministrazione, deve spedire le certificazioni sostituto d'imposta a fornitori, lavoratori autonomi e dipendenti entro il 28 febbraio dell'anno seguente a quello in cui le somme e i valori sono stati corrisposti.

Sezione VII

Delle dichiarazioni sostituto d'imposta e degli obblighi fiscali

Il delegato tributario, ossia l' Amministrazione, deve inoltrare annualmente all'Agenzia delle Entrate, con mod. 770, le dichiarazioni riguardanti le ritenute effettuate e i relativi versamenti.

Il condominio in quanto sostituto d' imposta è tenuto a importanti adempimenti fiscali: realizzare e versare ritenute di acconto ogni qualvolta corrisponda compensi in contante o in natura soggetti alle ritenute stesse con consegna della relativa autenticazione, nonché esibire la dichiarazione dei sostituti d'imposta (modello 770).

È dunque doveroso che il condominio abbia un codice fiscale.

Lo stesso deve essere richiesto dall'Amministrazione all'Agenzia delle Entrate presentando i suoi dati personali e il verbale dell'assemblea in cui risulta la sua investitura.

In caso di sostituzione dell'Amministrazione del fabbricato sarà cura del nuovo sostituto riferire la modificazione.

L' obbligo di eseguire le ritenute si verifica, ad esempio, in caso di corresponsione di somme o valori che costituiscono redditi di lavoro dipendente, come quelli pagati al custode dello stabile o al delegato della pulizia, se quest'ultimo ha un rapporto di lavoro dipendente, ossia in caso di pagamenti di somme o valori che sono redditi di lavoro indipendente, come quelli pagati all'Amministrazione in persona (anche se a titolo di risarcimento cumulativo di spese), o sulle corresponsioni di compensi relativi a contratti di appalto di opere e/o servizi.

Per i condominii con non più di otto condomini, privi di Amministrazione, le ritenute dovranno essere effettuate da uno qualsiasi dei condomini.

Egli, utilizzando il codice fiscale del condominio, provvederà ad adoperare le ritenute alla fonte, a effettuarne i relativi versamenti e a porgere la dichiarazione dei sostituti d' imposta per le ritenute, i contributi e i premi assicurativi.

Differentemente, per i condomini con più di otto condomini, per i quali c'è il dovere di attribuire l' Amministrazione e per quelli con non più di otto condomini che hanno provveduto a scegliere l' Amministrazione, il sottoposto normalmente delegato dal fabbricato a porre in essere gli adempimenti delle funzioni di vice d' imposta è l' Amministrazione, già tenuto a segnalare gli acquisti effettuati nell'anno solare e i dati dei relativi fornitori tanto più, in forza di altre disposizioni di legge a attuare gli adempimenti previsti in tema contributivo nei confronti degli istituti previdenziali.

Gli uffici dell'Agenzia delle Entrate possono anche richiedere agli amministratori di condominio dati, notizie e documenti relativi alla direzione condominiale.

L'obbligo di eseguire le ritenute si applica anche al super condominio e al fabbricato parziale.

In tali possibilità, ove sia identificabile una direzione autonoma delle parti interessate, tale da pretendere adempimenti distintamente separati da quelli assolti dallo stabile complessivo, il super condominio e il condominio parziale rilevano come distinti sostituti d'imposta e hanno l'obbligo di dotarsi di un codice fiscale.

Gli obblighi di sostituzione d' imposta, non si applicano:

· alle comunioni ereditarie sugli immobili anche nel momento in cui più coeredi sono comproprietari in parti uguali del completo edificio;

· alle comunioni diverse da quelle che si costituiscono obbligatoriamente sulle parti comuni degli edifici.

In realtà, in tutti e due i casi, non si è di fronte a più proprietari di diverse unità, così da avere delle parti comuni a tutti, ma invece ad una quantità di soggetti indistintamente proprietari di tutto lo stabile, ivi comprese le parti comuni.

Sezione VIII

Del quadro AC del modello Unico

L'Amministrazione di condominio che risulta a pieni poteri al 31 dicembre deve dichiarare all'anagrafe tributaria l'ammontare cumulativo dei beni e servizi acquistati dal condominio nell'anno solare antecedente e i dati identificativi dei relativi fornitori.

Tra i fornitori dello stabile sono da ricomprendere anche gli altri condomini, supercondomini, consorzi o enti di pari natura, ai quali il condominio amministrato abbia corrisposto nell'anno somme superiori a euro 258,23 a ogni legittimato.

Ai fini della precisazione del momento di compimento degli acquisti, si deve differenziare tra cessioni di beni e prestazioni di servizi.

Per le cessioni di beni, la direttiva universale stabilisce che tali operazioni si considerino effettuate:

- nell'attimo della stipulazione dell'atto, se riguardano beni immobili;
- nel momento del ricevimento o invio, se riguardano beni mobili.

Per le prestazioni di servizi, l' attimo di esecuzione è formato dalla data di versamento dei corrispettivi.

Il versamento si considera realizzato nel momento in cui il prestatore ha l'effettiva fruibilità|delle somme spettanti.

Tuttavia, se è una caparra, l' operazione si considera effettuata nei limiti dell'ammontare pagato.

L'annuncio avviene a mezzo della stesura del quadro AC del mod. UNICO dell'Amministrazione, nominato "Comunicazione dell'Amministrazione di condominio".

L'imposizione di esibire il quadro AC sussiste anche nel caso in cui, nel contesto di un condominio con non più di otto condomini, pur non obbligatorio, l'incarico di Amministrazione sia stato conferito.

In assenza di investitura dell'Amministrazione, l'imposizione sopraindicata non trova applicazione.

In caso di gestione di più condominii da parte di un unico sottoposto, deve essere compilato un quadro AC per ciascun ente amministrato.

Se mai sia necessario elencare più quadri in legame a uno stesso condominio, i dati identificativi dell'ente amministrato devono essere riportati su ogni quadro.

Nel caso in cui l'Amministrazione rediga il mod. 730 come propria dichiarazione dei redditi o sia esentato dalla presentazione della medesima, egli deve esibire il quadro AC, congiuntamente al frontespizio dell'UNICO, con gli stessi termini e procedure di quest'ultimo.

Nel quadro AC vanno elencati:

- per il condominio: il codice fiscale o la partita Iva, la ragione o denominazione sociale, il domicilio e il codice di natura giuridica;

- per ogni fornitore: cognome, nome, data e luogo di nascita, se persona fisica; ragione o denominazione sociale, codice fiscale o partita Iva, domicilio fiscale, importo di acquisti di beni e di servizi effettuati nell'anno d'imposta, se altro soggetto.

Sezione IX

Degli obblighi

L'Amministrazione, ai sensi dell'art. 1130 c.c., che riporto per un maggiore approfondimento, ha l'obbligo di:

1. eseguire le deliberazioni dell'Assemblea dei Condomini e curare l'osservanza del Regolamento di Condominio;
2. disciplinare l'uso delle cose comuni e la prestazione dei servizi nell'interesse comune, in modo che ne sia assicurato il miglior godimento a tutti i condomini;
3. riscuotere i contributi e pagare le spese per la manutenzione

ordinaria delle parti comuni dell'edificio e per l'esercizio dei servizi comuni;

4. compiere gli atti conservativi dei diritti inerenti alle parti comuni dell'edificio.

5. rendere il conto della sua gestione.

Sezione X

Dell'osservanza del regolamento condominiale

«Al fine di attivarsi per far cessare gli abusi, l'Amministrazione non necessita di alcuna previa delibera assembleare, posto che egli è già tenuto ex legge (art. 1130, comma 1 c.c.) a curare l'osservanza del regolamento del condominio al fine di tutelare l'interesse generale al decoro, alla tranquillità e all'abitabilità dell'edificio; ed è altresì nelle sue facoltà, ai sensi dell'articolo 70 disp. att. c.c, anche quella di irrogare sanzioni pecuniarie ai condomini responsabili di siffatte violazioni del regolamento ove lo stesso preveda tale possibilità.» (Cassazione, sez. II civile, sentenza n. 14735 del 26/06/2006)

Sezione XI

Degli atti conservativi delle parti comuni

Non rientra nelle attribuzioni dell'Amministrazione la stipula dei contratti, in quanto l'art. 1130 c.c., obbligando l'Amministrazione a eseguire gli atti conservativi dei diritti inerenti alle parti comuni, ha inteso riferirsi ai soli atti materiali (riparazioni di muri portanti, di tetti e lastrici) e giudiziali (azioni contro comportamenti illeciti posti in essere da terzi o condomini) necessari per la salvaguardia dell'integrità dell'immobile: tra questi non può farsi rientrare la stipula di contratti che non abbiano gli scopi conservativi ai quali si riferisce la norma dell'art. 1130 c.c..

Dunque l'Amministrazione per stipulare contratti diversi da quelli a fine conservativo, dovrà chiedere e ottenere, prima, l'approvazione dell'assemblea (Cass. civ. Sez. II, sentenza n. 8233 del 03/04/2007).

Art. 1130.
Attribuzioni dell'amministratore.

L'amministratore, oltre a quanto previsto dall'articolo 1129 e dalle vigenti disposizioni di legge, deve:

1) eseguire le deliberazioni dell'assemblea, convocarla annualmente per l'approvazione del rendiconto condominiale di cui all'articolo 1130-bis e curare l'osservanza del regolamento di condominio;

2) disciplinare l'uso delle cose comuni e la fruizione dei servizi nell'interesse comune, in modo che ne sia assicurato il miglior godimento a ciascuno dei condomini;

3) riscuotere i contributi ed erogare le spese occorrenti per la manutenzione ordinaria delle parti comuni dell'edificio e per l'esercizio dei servizi comuni;

4) compiere gli atti conservativi relativi alle parti comuni dell'edificio;

5) eseguire gli adempimenti fiscali;

6) curare la tenuta del registro di anagrafe condominiale contenente le generalità dei singoli proprietari e dei titolari di diritti reali e di diritti personali di godimento, comprensive del codice fiscale e della residenza o domicilio, i dati catastali di ciascuna unità immobiliare, nonché ogni dato relativo alle condizioni di sicurezza delle parti comuni dell'edificio. Ogni variazione dei dati deve essere comunicata all'amministratore in forma scritta entro sessanta giorni. L'amministratore, in caso di inerzia, mancanza o incompletezza delle comunicazioni, richiede con lettera raccomandata le informazioni necessarie alla tenuta del registro di anagrafe. Decorsi trenta giorni, in caso di omessa o incompleta risposta, l'amministratore acquisisce le informazioni necessarie, addebitandone il costo ai responsabili;

7) curare la tenuta del registro dei verbali delle assemblee, del registro di nomina e revoca dell'amministratore e del registro di contabilità. Nel registro dei verbali delle assemblee sono altresì annotate: le eventuali mancate costituzioni dell'assemblea, le deliberazioni nonché le brevi dichiarazioni rese dai condomini che ne hanno fatto richiesta; allo stesso registro è allegato il regolamento di condominio, ove adottato. Nel registro di nomina e revoca dell'amministratore sono annotate, in ordine cronologico, le date della nomina e della revoca di

ciascun amministratore del condominio, nonché gli estremi del decreto in caso di provvedimento giudiziale. Nel registro di contabilità sono annotati in ordine cronologico, entro trenta giorni da quello dell'effettuazione, i singoli movimenti in entrata ed in uscita. Tale registro può tenersi anche con modalità informatizzate;
8) conservare tutta la documentazione inerente alla propria gestione riferibile sia al rapporto con i condomini sia allo stato tecnico-amministrativo dell'edificio e del condominio;
9) fornire al condomino che ne faccia richiesta attestazione relativa allo stato dei pagamenti degli oneri condominiali e delle eventuali liti in corso;
10) redigere il rendiconto condominiale annuale della gestione e convocare l'assemblea per la relativa approvazione entro centottanta giorni.

Capo III

Del rendiconto condominiale

Il bilancio condominiale è il documento contabile con il quale viene rappresentato ai partecipanti al condominio il rendiconto della gestione svolta dall'Amministrazione (ovvero l'esposizione delle spese sostenute durante il suo mandato elencate e ripartite fra le unità immobiliari), la situazione patrimoniale (crediti e debiti) e la situazione di cassa (bilancio delle entrate e delle uscite verificatesi nel periodo preso in considerazione).

Il bilancio è approvato dall'assemblea con le maggioranze previste dall'art. 1136 c.c.

Il bilancio ha un esercizio che può essere coincidente con l'anno solare (01/01 - 31/12) o meno (es. 01/10 - 30/09).

La scelta è in quanto stabilito dal regolamento di condominio.

Il rendiconto condominiale è regolamentato dall'art. 1130-bis c.c. che riporto integralmente alla fine del capo.

Sezione I

Del bilancio consuntivo e riparto millesimale consuntivo

Il bilancio, presentato ai condomini, è composto dal Bilancio Consuntivo e dal Riparto millesimale Consuntivo (prospetto nel quale vengono ripartite le spese a tutte le unità immobiliari secondo le tabelle millesimali o altro criterio previsto dal regolamento), si viene a conoscenza di come le somme versate sono state spese, e di conseguenza se sono state insufficienti oppure se sono state in eccedenza.

Tale differenza viene denominata Conguaglio e può essere attivo o passivo, ovvero a credito o a debito dei condomini.

Sezione II

Del bilancio preventivo o di previsione

Unitamente al bilancio Consuntivo si presenta ai condomini il Bilancio Preventivo o di previsione (trattasi di un elenco delle voci di spesa previste con relativi importi, il cui totale corrisponderà alla somma complessiva che sarà riscossa durante l'anno cui si riferisce a titolo di acconti) in base al quale si delineano le spese che dovranno essere sostenute nel corso dell'esercizio.

Dal riparto spese, nel quale sono iscritte le voci di spesa e le cifre previste per ognuna, si calcola il versamento delle somme necessarie alla gestione in via anticipata secondo lo stato di riparto approvato dall'assemblea.

Il confronto fra il consuntivo e il preventivo relativi allo stesso esercizio è utile per verificare gli scostamenti delle spese - in aumento o in diminuzione - dalle previsioni.

Tali scostamenti danno luogo al conguaglio.

Sezione III

Del conguaglio della gestione o dell'esercizio

È importante distinguere le somme dovute a preventivo, quindi in acconto, dalle somme da pagare a consuntivo, quindi il saldo della gestione.

La loro differenza è il conguaglio.

Sezione IV

Del riparto millesimale consuntivo

Tanto premesso, nell'ambito della verifica consuntiva, in allegato al bilancio consuntivo di ogni anno è presente il riparto millesimale consuntivo: in tale prospetto sono riportati i totali di spesa per ogni singola tabella di riparto, che sommati danno origine all'importo complessivamente imputato ad ogni condomino; tale importo viene messo a confronto con il totale delle quote versate a preventivo, quindi in acconto, per rilevare il conguaglio, quindi il saldo, che, come osservato in precedenza, potrà essere a credito del condomino o a debito del condomino.

È consuetudine, ma non regola vincolante, che le spese siano riportate con cifre anteposte il segno (+) e gli incassi o quote a credito dei condomini (-).

Tale impostazione può variare o essere invertita in base alle impostazioni dei software gestionali ad uso dei vari amministratori.

Ad oggi non esistono modelli preimpostati per la redazione di un rendiconto che un Amministrazione debba seguire.

I condomini potranno richiedere all'Amministrazione, previo appuntamento, l'esibizione dei giustificativi contabili oggetto dei movimenti nel rendiconto a loro consegnato.

Sezione V

Del saldo della gestione o dell'esercizio

Nella parte conclusiva del bilancio consuntivo può essere riportata la situazione riepilogativa della gestione con il rapporto entrate/uscite - il saldo - evidenziato il saldo della gestione precedente ed i versamenti incassati e la consistenza di eventuali fondi cassa.

Tale conteggio porta al saldo di gestione.

Sezione VI

Del disavanzo di cassa

Il disavanzo di cassa è rappresentato da uno scoperto del conto corrente certificato dall'estratto conto di fine periodo dal quale si evince l'importo negativo.

Non può essere utilizzato per evidenziare anticipazioni dell'Amministrazione calcolate come totale a pareggio in bilancio e non riscontrabili da versamenti sul c/c condominiale o nelle entrate condominiali.

Sezione VII

Dello stato patrimoniale

Lo stato patrimoniale è un documento composto dai debiti e dai crediti del condominio.

Nei debiti dovranno essere inserite le spese non pagate, i fondi di riserva (fondo cassa, TFR, ecc., con separata indicazione dell'eventuale incremento dell'anno) ed eventuali ulteriori debiti a vario titolo.

Nei crediti dello stato patrimoniale va citato il saldo della gestione ovvero le quote non incassate dal condominio dai condomini ed eventuali anticipazioni.

Art. 1130-bis.
Rendiconto condominiale.
Il rendiconto condominiale contiene le voci di entrata e di uscita ed ogni altro dato inerente alla situazione patrimoniale del condominio, ai fondi disponibili ed alle eventuali riserve, che devono essere espressi in modo da consentire l'immediata verifica. Si compone di un registro di contabilità, di un riepilogo finanziario, nonché di una nota sintetica esplicativa della gestione con l'indicazione anche dei rapporti in corso e delle questioni pendenti. L'assemblea condominiale può, in qualsiasi momento o per più annualità specificamente identificate, nominare un revisore che verifichi la contabilità del condominio. La deliberazione è assunta con la maggioranza prevista per la nomina dell'amministratore e la relativa spesa è ripartita fra tutti i condomini sulla base dei millesimi di proprietà. I condomini e i titolari di diritti reali o di godimento sulle unità immobiliari possono prendere visione dei documenti giustificativi di spesa in ogni tempo ed estrarne copia a proprie spese. Le scritture e i documenti giustificativi devono essere conservati per dieci anni dalla data della relativa registrazione.
L'assemblea può anche nominare, oltre all'amministratore, un consiglio di condominio composto da almeno tre condomini negli edifici di almeno dodici unità immobiliari. Il consiglio ha funzioni consultive e di controllo.

Capo IV

Della rappresentanza e legittimazione ad agire in giudizio

L'Amministrazione di condominio, a volte anche senza espresso mandato dell'assemblea, ha la rappresentanza in giudizio del condominio ed il più delle volte la stessa coincide con la legittimazione ad agire nell'interesse dello stesso anche contro i singoli condomini (ad esempio nel caso delle morosità).

Non mancano tuttavia casi in giurisprudenza nei quali il singolo condomino è legittimato esso stesso ad agire.

È importante specificare che la inadempienza di questo obbligo è motivo di revoca, come espressamente prescritto nell'art. 1131 c.c. che riporto per maggior approfondimento.

Art. 1131.
Rappresentanza.
Nei limiti delle attribuzioni stabilite dall'articolo 1130 o dei maggiori poteri conferitigli dal regolamento di condominio o dall'assemblea, l'amministratore ha la rappresentanza dei partecipanti e può agire in giudizio sia contro i condomini sia contro i terzi.

Può essere convenuto in giudizio per qualunque azione concernente le parti comuni dell'edificio; a lui sono notificati i provvedimenti dell'autorità amministrativa che si riferiscono allo stesso oggetto.

Qualora la citazione o il provvedimento abbia un contenuto che esorbita dalle attribuzioni dell'amministratore, questi è tenuto a darne senza indugio notizia all'assemblea dei condomini.

L'amministratore che non adempie a quest'obbligo può essere revocato ed è tenuto al risarcimento dei danni.

Capo V

Del dissenso dei condomini rispetto alle liti

Come prescritto dell'articolo 1132 c.c., di seguito integralmente riportato, nel caso in cui l'assemblea deliberi di promuovere una lite o di resistere a una domanda giudiziale, il condomino dissenziente può separare la propria responsabilità in ordine alle conseguenze della lite, per il caso di soccombenza.

Se successivamente la lite dovesse avere esito positivo per il condominio, il condomino dissenziente, se ne trae un vantaggio, dovrà concorrere al pagamento delle spese. Se l'esito dovesse essere negativo, il suddetto condomino ha diritto di rivalsa per ciò che ha dovuto pagare.
L'atto di dissenso deve essere notificato entro 30 giorni da quello in cui il condomino ha avuto notizia della delibera.
La previsione legislativa risulta essere di non facile lettura.

Esiste un presupposto essenziale per poter procedere al dissenso da parte di un condomino, ossia bisogna essere in presenza di una vera e propria delibera assembleare e non di un semplice provvedimento dell'amministratore, altrimenti si viene rimandati all'art. 1133 c.c..

Art. 1132.
Dissenso dei condomini rispetto alle liti.
Qualora l'assemblea dei condomini abbia deliberato di promuovere una lite o di resistere a una domanda il condomino dissenziente, con atto notificato all'amministratore, può separare la propria responsabilità in ordine alle conseguenze della lite per il caso di soccombenza. L'atto deve essere notificato entro trenta giorni da quello in cui il condomino ha avuto notizia della deliberazione.
Il condomino dissenziente ha diritto di rivalsa per ciò che abbia dovuto pagare alla parte vittoriosa.
Se l'esito della lite è stato favorevole al condominio, il condomino dissenziente che ne abbia tratto vantaggio è tenuto a concorrere nelle spese di giudizio che non sia stato possibile ripetere dalla parte soccombente.

Capo VI

Dei provvedimenti presi dall'Amministratore

Il succitato art. 1133 c.c., che riporto in seguito, parla come già anticipato dei provvedimenti presi dall'Amministratore specificando che essi sono obbligatori per i condomini, ovviamente purché l'Amministratore resti nell'ambito dei suoi poteri, espressamente prescritti dall'art. 1130 c.c., citato e riportato per intero precedentemente.

Nel secondo comma viene invece specificato che per i condomini è ammesso il ricorso in assemblea.

Il che significa che, se per esempio la decisione di promuovere o di resistere a una lite é un provvedimento preso dall'amministratore, il condomino deve prima portare la questione del suo dissenso in assemblea, poiché solo attraverso una delibera assembleare si potrà promuovere il proprio dissenso.

Art. 1133.
Provvedimenti presi dall'amministratore.

I provvedimenti presi dall'amministratore nell'ambito dei suoi poteri sono obbligatori per i condomini.

Contro i provvedimenti dell'amministratore è ammesso ricorso all'assemblea, senza pregiudizio del ricorso all'autorità giudiziaria nei casi e nel termine previsti dall'articolo 1137.

Capo VII

Della gestione di iniziativa individuale

Esiste una norma apposita per il condomino che sostiene delle spese per la cura delle parti comuni dell'edificio senza avere autorizzazione dell'Amministrazione o dell'assemblea, norma distinta da quella in materia di comunione.

L'art. 1134 c.c. prevede che nessun rimborso è dovuto al condomino nel caso succitato, non avendo tale condomino le dovute autorizzazioni.

L'unica eccezione è il caso in cui tale spesa sia non solo necessaria, ma urgente (condizione obbligatoria per l'eventuale rimborso).

Riporto integralmente l'art. 1134 c.c. per maggior approfondimento.

Art. 1134.
Gestione di iniziativa individuale.
Il condomino che ha assunto la gestione delle parti comuni senza autorizzazione dell'amministratore o dell'assemblea non ha diritto al rimborso, salvo che si tratti di spesa urgente.

Titolo IV

Dell'assemblea di condominio

Capo I

Delle attribuzioni dell'assemblea dei condomini

L'Assemblea di condominio, nell'ordinamento giuridico italiano, è l'organo deliberante del condominio, disciplinato dagli art. 1135, 1136 e 1137 del codice civile italiano.

Hanno diritto di partecipare all'assemblea tutti i condomini, che devono essere avvisati in maniera certa almeno 5 giorni prima, attraverso posta raccomandata o mail certificata.

La riforma del 2012 all'articolo 66 disp.att. cc. ha formalizzato le modalità di convocazione (raccomandata, PEC o fax) eliminando finalmente le incertezze in materia.

L'assemblea decide sul regolamento di condominio, sulla nomina dell'Amministrazione, sulla gestione ordinaria e straordinaria del condominio.

L'assemblea si esprime a doppia maggioranza (millesimi e teste), che può variare a seconda della natura dell'oggetto posto a delibera.

Tutti i condomini hanno titolo per partecipare all'assemblea, e pertanto vanno avvisati nelle forme dell'art. 67 disp. Att.

L'assemblea non può deliberare se non risulta che tutti i condomini sono stati invitati a parteciparvi.

Essa decide su:

- gestione ordinaria delle parti comuni del condominio;
- manutenzione straordinaria;
- nomina e revoca dell'Amministrazione di condominio.

Art. 1135.
Attribuzioni dell'assemblea dei condomini.

Oltre quanto è stabilito dagli articoli precedenti, l'assemblea dei condomini provvede:

1) alla conferma dell'amministratore e all'eventuale sua retribuzione;

2) all'approvazione del preventivo delle spese occorrenti durante l'anno e alla relativa ripartizione tra i condomini;

3) all'approvazione del rendiconto annuale dell'amministratore e all'impiego del residuo attivo della gestione;

4) alle opere di manutenzione straordinaria e alle innovazioni, costituendo obbligatoriamente un fondo speciale di importo pari all'ammontare dei lavori; se i lavori devono essere eseguiti in base a un contratto che ne prevede il pagamento graduale in funzione del loro progressivo stato di avanzamento, il fondo può essere costituito in relazione ai singoli pagamenti dovuti.

L'amministratore non può ordinare lavori di manutenzione straordinaria, salvo che rivestano carattere urgente, ma in questo caso deve riferirne nella prima assemblea.

L'assemblea può autorizzare l'amministratore a partecipare e collaborare a progetti, programmi e iniziative territoriali promossi dalle istituzioni locali o da soggetti privati qualificati, anche mediante opere di risanamento di parti comuni degli immobili nonché di demolizione, ricostruzione e messa in sicurezza statica, al fine di favorire il recupero del patrimonio edilizio esistente, la vivibilità urbana, la sicurezza e la sostenibilità ambientale della zona in cui il condominio è ubicato.

Capo II

Costituzione dell'assemblea e validità delle deliberazioni

Per i motivi di cui prima, è ottima cosa convocare i condomini con comunicazione raccomandata con ricevuta di ritorno.

La convocazione deve includere l'ordine del giorno.

Dalla ricezione della notifica alla data dell'assemblea in prima convocazione devono trascorrere non meno di 5 giorni (Trib. Milano 7 maggio 1992, Sez. VIII).

Si conterà in seguito il giorno nel quale l'annuncio di riunione sarà stato depositato nella buca delle lettere del condomino o in ogni modo sia entrato nella sfera di conoscibilità dello stesso fino al giorno prima della consulta prevista in primo consiglio.

Allorché la notifica fosse stata recapitata il 1º giorno del mese, l'assemblea in prima convocazione, non potrà svolgersi prima del 6º giorno dello stesso mese, ossia, potrà tenersi, ma le deliberazioni dell'assemblea saranno annullabili ai sensi dell'articolo 1137 del codice civile su ricorso dei dissenzienti o assenti, ove non ritualmente convocati.

L'assemblea deve essere convocata in sede ordinaria quantomeno una volta l'anno, per consentire l'approvazione del resoconto e per la nomina o meno dell'Amministrazione.

Può essere convocata in sede straordinaria ogni volta che sia ritenuto indispensabile dall'Amministrazione.

Bisogna prestare scrupolosità al fatto che, secondo la cassazione, le assemblee straordinarie non devono essere retribuite a parte. L'emolumento è già compreso nel compenso dell'Amministrazione.

La seconda riunione non può svolgersi lo stesso giorno solare della prima; malgrado ciò, l'Amministrazione potrà comunicare le date di convocazione dell'assemblea in un unico atto.

Nel caso si debba proseguire nel dover riunire più assemblee in tempi brevi, l'Amministrazione può convocare gli aventi diritto con un unica comunicazione.

La consegna della convocazione assembleare deve avvenire per mezzo di raccomandata, posta elettronica certificata, fax o consegnata a mano.

La convocazione deve includere tutte le indicazioni dell'ordine del giorno.

Art. 1136.
Costituzione dell'assemblea e validità delle deliberazioni.

L'assemblea in prima convocazione è regolarmente costituita con l'intervento di tanti condomini che rappresentino i due terzi del valore dell'intero edificio e la maggioranza dei partecipanti al condominio.
Sono valide le deliberazioni approvate con un numero di voti che rappresenti la maggioranza degli intervenuti e almeno la metà del valore dell'edificio.
Se l'assemblea in prima convocazione non può deliberare per mancanza di numero legale, l'assemblea in seconda convocazione delibera in un giorno successivo a quello della prima e, in ogni caso, non oltre dieci giorni dalla medesima. L'assemblea in seconda convocazione è regolarmente costituita con l'intervento di tanti condomini che rappresentino almeno un terzo del valore dell'intero edificio e un terzo dei partecipanti al condominio.
La deliberazione è valida se approvata dalla maggioranza degli intervenuti con un numero di voti che rappresenti almeno un terzo del valore dell'edificio.
Le deliberazioni che concernono la nomina e la revoca dell'amministratore o le liti attive e passive relative a materie che esorbitano dalle attribuzioni dell'amministratore medesimo, le deliberazioni che concernono la ricostruzione dell'edificio o riparazioni straordinarie di notevole entità e le deliberazioni di cui agli articoli 1117-quater, 1120, secondo comma, 1122-ter nonché 1135, terzo comma, devono essere sempre approvate con la maggioranza stabilita dal secondo comma del presente articolo.
Le deliberazioni di cui all'articolo 1120, primo comma, e all'articolo 1122-bis, terzo comma, devono essere approvate dall'assemblea con un numero di voti che rappresenti la maggioranza degli intervenuti ed almeno i due terzi del valore dell'edificio.
L'assemblea non può deliberare, se non consta che tutti gli aventi diritto sono stati regolarmente convocati.
Delle riunioni dell'assemblea si redige processo verbale da trascrivere nel registro tenuto dall'amministratore.

Dott. Piero Antonio Esposito

Capo III

Dell'impugnazione delle deliberazioni dell'assemblea

Ogni condomino, assente o discordante, può impugnare la delibera entro 30 giorni, ex art. 1137 c.c..

I 30 giorni decorrono dalla data dell'assemblea, per i presenti e dissenzienti, e dalla data del ricevimento del verbale per gli assenti.

Tale termine non si applica alle delibere assembleari non annullabili ma nulle.

Riguardo alla legge le maggioranze cambiano dalla prima riunione alla seconda convocazione.

È consuetudine fare solo la seconda convocazione poiché in caso di discordanza dei partecipanti, o dissonanza su alcuni punti, la maggior parte la si può comprendere con numeri più esigui.

Art. 1137.
Impugnazione delle deliberazioni dell'assemblea.
Le deliberazioni prese dall'assemblea a norma degli articoli precedenti sono obbligatorie per tutti i condomini.
Contro le deliberazioni contrarie alla legge o al regolamento di condominio ogni condomino assente, dissenziente o astenuto può adire l'autorità giudiziaria chiedendone l'annullamento nel termine perentorio di trenta giorni, che decorre dalla data della deliberazione per i dissenzienti o astenuti e dalla data di comunicazione della deliberazione per gli assenti.
L'azione di annullamento non sospende l'esecuzione della deliberazione, salvo che la sospensione sia ordinata dall'autorità giudiziaria.
L'istanza per ottenere la sospensione proposta prima dell'inizio della causa di merito non sospende nè interrompe il termine per la proposizione dell'impugnazione della deliberazione. Per quanto non espressamente previsto, la sospensione è disciplinata dalle norme di cui al libro IV, titolo I, capo III, sezione I, con l'esclusione dell'articolo 669-octies, sesto comma, del codice di procedura civile.

Titolo V

Del regolamento di condominio

Capo I

Delle norme sul regolamento di condominio

Come già detto in precedenza se vi sono più di 10 condomini e d obbligo il regolamento condominiale

Il regolamento può essere contrattuale o assembleare.

Nel caso di regolamentazione condominiale contrattuale, il documento nella quasi completezza dei casi è stato predisposto dal costruttore dell'immobile o del raggruppamento di immobili, e depositato da un notaio per la trascrizione presso la locale conservatoria dei registri immobiliari (al catasto).

Il regolamento contrattuale si differenzia dal regolamento non contrattuale (o assembleare ed approvato a maggioranza) in quanto può includere limitazioni al diritto di appartenenza di alcuni condomini, costituzioni di servitù, assegnamento o destinazioni d'uso di parti comuni a una quantità limitata di condomini o per scopi ben definiti (ad es. destinazione dell'edificio per il portiere); le norme di tale documento possono in realtà essere modificate solo con l' accordo collettivo di tutti i partecipanti allo stabile; nel momento che si acquista una proprietà nello stabile retto da tale tipo di regolamento, lo stesso viene involontariamente accettato dal neo-compratore, in quanto trascritto presso la conservatoria.

Il regolamento predisposto dal originale proprietario e/o costruttore (regolamento contrattuale) del complesso è obbligatorio per gli acquirenti delle singole unità abitative solo se l'acquisto è fatto in epoca successiva alla trascrizione del regolamento stesso.

Contrariamente se la vendita fosse antecedente la trascrizione del regolamento, risulta chiaro che viene a mancare un requisito negoziale valido; in questo caso diventa importante che il regolamento sia ricompreso, per comune decisione delle parti, nell'oggetto del contratto, vincolando il compratore solo se, in seguito alla stesura del regolamento, vi presti volontaria approvazione.

Il regolamento approvato dall'assemblea di condominio con i requisiti prescritti, invece, può includere solo norme che regolano la vita ordinaria dei partecipanti al condominio, ossia non può limitare l'esercizio indipendente del diritto di proprietà da parte dei condomini (ad esempio il regolamento contrattuale natale può impedire la finalità d'uso degli appartamenti per attività commerciali; ma non a proseguimento di un mutamento dello stesso approvato a maggioranza).

L' articolo 1138 del codice civile, di seguito interamente riportato, dispone che le norme del regolamento non possono impedire di possedere o avere animali domestici.

In virtù della dottrina in materia di animali domestici bisogna differenziare il caso in cui tale divieto sia inserito in un regolamento assembleare da quello in cui è inserito in un contratto di locazione.

Art. 1138.
Regolamento di condominio.
Quando in un edificio il numero dei condomini è superiore a dieci, deve essere formato un regolamento, il quale contenga le norme circa l'uso delle cose comuni e la ripartizione delle spese, secondo i diritti e gli obblighi spettanti a ciascun condomino, nonché le norme per la tutela del decoro dell'edificio e quelle relative all'amministrazione.
Ciascun condomino può prendere l'iniziativa per la formazione del regolamento di condominio o per la revisione di quello esistente.
Il regolamento deve essere approvato dall'assemblea con la maggioranza stabilita dal secondo comma dell'articolo 1136 ed allegato al registro indicato dal numero 7) dell'articolo 1130. Esso può essere impugnato a norma dell'articolo 1107.

Le norme del regolamento non possono in alcun modo menomare i diritti di ciascun condomino, quali risultano dagli atti di acquisto e dalle convenzioni, e in nessun caso possono derogare alle disposizioni degli articoli 1118, secondo comma 1119, 1120, 1129, 1131, 1132, 1136 e 1137.
Le norme del regolamento non possono vietare di possedere o detenere animali domestici.

Titolo VI

Delle norme sulla comunione

Capo I

Del rinvio alle norme sulla comunione

L'ordinamento prevede che quanto non espressamente previsto negli articoli sul condominio, può trovare regolamentazione nelle norme sulla comunione, che riporto integralmente.

Riporto inoltre l'art. 1139 c.c. che prescrive il suddetto rinvio alle norme sulla comunione.

Art. 1139.
Rinvio alle norme sulla comunione.
Per quanto non è espressamente previsto da questo capo si osservano le norme sulla comunione in generale.

Capo II

Delle norme della comunione in generale

Art. 1100.
Norme regolatrici.
Quando la proprietà o altro diritto reale spetta in comune a più persone, se il titolo o la legge non dispone diversamente, si applicano le norme seguenti.

Art. 1101.
Quote dei partecipanti.
Le quote dei partecipanti alla comunione si presumono eguali.
Il concorso dei partecipanti, tanto nei vantaggi quanto nei pesi della comunione, è in proporzione delle rispettive quote.

Art. 1102.
Uso della cosa comune.
Ciascun partecipante può servirsi della cosa comune, purché non ne alteri la destinazione e non impedisca agli altri partecipanti di farne parimenti uso secondo il loro diritto. A tal fine può apportare a proprie spese le modificazioni necessarie per il miglior godimento della cosa.
Il partecipante non può estendere il suo diritto sulla cosa comune in danno degli altri partecipanti, se non compie atti idonei a mutare il titolo del suo possesso.

Art. 1103.
Disposizione della quota.
Ciascun partecipante può disporre del suo diritto e cedere ad altri il godimento della cosa nei limiti della sua quota.
Per le ipoteche costituite da uno dei partecipanti si osservano le disposizioni contenute nel capo IV del titolo III del libro VI.

Art. 1104.
Obblighi dei partecipanti.
Ciascun partecipante deve contribuire nelle spese necessarie per la conservazione e per il godimento della cosa comune e nelle spese deliberate dalla maggioranza a norma delle disposizioni seguenti,

salva la facoltà di liberarsene con la rinunzia al suo diritto.
La rinunzia non giova al partecipante che abbia anche tacitamente
approvato la spesa.
Il cessionario del partecipante è tenuto in solido con il cedente a pagare
i contributi da questo dovuti e non versati.

Art. 1105.
Amministrazione.
Tutti i partecipanti hanno diritto di concorrere nell'amministrazione
della cosa comune.
Per gli atti di ordinaria amministrazione le deliberazioni della
maggioranza dei partecipanti, calcolata secondo il valore delle loro
quote, sono obbligatorie per la minoranza dissenziente.
Per la validità delle deliberazioni della maggioranza si richiede che
tutti i partecipanti siano stati preventivamente informati dell'oggetto
della deliberazione.
Se non si prendono i provvedimenti necessari per l'amministrazione
della cosa comune o non si forma una maggioranza, ovvero se la
deliberazione adottata non viene eseguita, ciascun partecipante può
ricorrere all'autorità giudiziaria. Questa provvede in camera di
consiglio e può anche nominare un amministratore.

Art. 1106.
Regolamento della comunione e nomina di amministratore.
Con la maggioranza calcolata nel modo indicato dall'articolo
precedente, può essere formato un regolamento per l'ordinaria
amministrazione e per il miglior godimento della cosa comune.
Nello stesso modo l'amministrazione può essere delegata ad uno o più
partecipanti, o anche a un estraneo, determinandosi i poteri e gli
obblighi dell'amministratore.

Art. 1107.
Impugnazione del regolamento.
Ciascuno dei partecipanti dissenzienti può impugnare davanti
all'autorità giudiziaria il regolamento della comunione entro trenta
giorni dalla deliberazione che lo ha approvato. Per gli assenti il
termine decorre dal giorno in cui è stata loro comunicata la
deliberazione. L'autorità giudiziaria decide con unica sentenza sulle
opposizioni proposte.
Decorso il termine indicato dal comma precedente senza che il

regolamento sia stato impugnato, questo ha effetto anche per gli eredi e gli aventi causa dai singoli partecipanti.

Art. 1108.
Innovazioni ed altri atti eccedenti l'ordinaria amministrazione.

Con deliberazione della maggioranza dei partecipanti che rappresenti almeno due terzi del valore complessivo della cosa comune, si possono disporre tutte le innovazioni dirette al miglioramento della cosa o a renderne più comodo o redditizio il godimento, purché esse non pregiudichino il godimento di alcuno dei partecipanti e non importino una spesa eccessivamente gravosa.

Nello stesso modo si possono compiere gli altri atti eccedenti l'ordinaria amministrazione, sempre che non risultino pregiudizievoli all'interesse di alcuno dei partecipanti.

È necessario il consenso di tutti i partecipanti per gli atti di alienazione o di costituzione di diritti reali sul fondo comune e per le locazioni di durata superiore a nove anni.

L'ipoteca può essere tuttavia consentita dalla maggioranza indicata dal primo comma, qualora abbia lo scopo di garantire la restituzione delle somme mutuate per la ricostruzione o per il miglioramento della cosa comune.

Art. 1109.
Impugnazione delle deliberazioni.

Ciascuno dei componenti la minoranza dissenziente può impugnare davanti all'autorità giudiziaria le deliberazioni della maggioranza: 1) nel caso previsto dal secondo comma dell'art. 1105, se la deliberazione è gravemente pregiudizievole alla cosa comune; 2) se non è stata osservata la disposizione del terzo comma dell'art. 1105; 3) se la deliberazione relativa a innovazioni o ad altri atti eccedenti l'ordinaria amministrazione è in contrasto con le norme del primo e del secondo comma dell'art. 1108.

L'impugnazione deve essere proposta, sotto pena di decadenza, entro trenta giorni dalla deliberazione. Per gli assenti il termine decorre dal giorno in cui è stata loro comunicata la deliberazione. In pendenza del giudizio, l'autorità giudiziaria può ordinare la sospensione del provvedimento deliberato.

Art. 1110.
Rimborso di spese.
Il partecipante che, in caso di trascuranza degli altri partecipanti o dell'amministratore, ha sostenuto spese necessarie per la conservazione della cosa comune, ha diritto al rimborso.

Art. 1111.
Scioglimento della comunione.
Ciascuno dei partecipanti può sempre domandare lo scioglimento della comunione; l'autorità giudiziaria può stabilire una congrua dilazione, in ogni caso non superiore a cinque anni, se l'immediato scioglimento può pregiudicare gli interessi degli altri.
Il patto di rimanere in comunione per un tempo non maggiore di dieci anni è valido e ha effetto anche per gli aventi causa dai partecipanti. Se è stato stipulato per un termine maggiore, questo si riduce a dieci anni. Se gravi circostanze lo richiedono, l'autorità giudiziaria può ordinare lo scioglimento della comunione prima del tempo convenuto.

Art. 1112.
Cose non soggette a divisione.
Lo scioglimento della comunione non può essere chiesto quando si tratta di cose che, se divise, cesserebbero di servire all'uso a cui sono destinate.

Art. 1113.
Intervento nella divisione ed opposizioni.
I creditori e gli aventi causa da un partecipante possono intervenire nella divisione a proprie spese, ma non possono impugnare la divisione già eseguita, a meno che abbiano notificato un'opposizione anteriormente alla divisione stessa e salvo sempre ad essi l'esperimento dell'azione revocatoria o dell'azione surrogatoria.
Nella divisione che ha per oggetto beni immobili, l'opposizione, per l'effetto indicato dal comma precedente, deve essere trascritta prima della trascrizione dell'atto di divisione e, se si tratta di divisione giudiziale, prima della trascrizione della relativa domanda.
Devono essere chiamati a intervenire, perché la divisione abbia effetto nei loro confronti, i creditori iscritti e coloro che hanno acquistato diritti sull'immobile in virtù di atti soggetti a trascrizione e trascritti prima della trascrizione dell'atto di divisione o della trascrizione della domanda di divisione giudiziale.

Nessuna ragione di prelevamento in natura per crediti nascenti dalla comunione può opporsi contro le persone indicate dal comma precedente, eccetto le ragioni di prelevamento nascenti da titolo anteriore alla comunione medesima, ovvero da collazione.

Art. 1114.
Divisione in natura.
La divisione ha luogo in natura, se la cosa può essere comodamente divisa in parti corrispondenti alle quote dei partecipanti.

Art. 1115.
Obbligazioni solidali dei partecipanti.
Ciascun partecipante può esigere che siano estinte le obbligazioni in solido contratte per la cosa comune, le quali siano scadute o scadano entro l'anno dalla domanda di divisione.

La somma per estinguere le obbligazioni si preleva dal prezzo di vendita della cosa comune, e, se la divisione ha luogo in natura, si procede alla vendita di una congrua frazione della cosa, salvo diverso accordo tra i condividenti.

Il partecipante che ha pagato il debito in solido e non ha ottenuto rimborso concorre nella divisione per una maggiore quota corrispondente al suo diritto verso gli altri condividenti.

Art. 1116.
Applicabilità delle norme sulla divisione ereditaria.
Alla divisione delle cose comuni si applicano le norme sulla divisione dell'eredità, in quanto non siano in contrasto con quelle sopra stabilite.

Titolo VII

Delle disposizioni per l'attuazione del codice civile

Capo I

Dello scioglimento del condominio

Le prescrizioni relative allo scioglimento del condominio vengono descritte dall'art. 61 e dall'art. 62, disp. att. c.c., integralmente riportati, di cui il primo specifica che qualora un edificio o un gruppo di edifici appartenenti per piani o porzioni di piano a proprietari diversi si possa dividere in parti che abbiano le caratteristiche di edifici autonomi, il condominio può essere sciolto e i comproprietari di ciascuna parte possono costituirsi in condominio separato.

Art. 61.
Qualora un edificio o un gruppo di edifici appartenenti per piani o porzioni di piano a proprietari diversi si possa dividere in parti che abbiano le caratteristiche di edifici autonomi, il condominio può essere sciolto e i comproprietari di ciascuna parte possono costituirsi in condominio separato.
Lo scioglimento è deliberato dall'assemblea con la maggioranza prescritta dal secondo comma dell'articolo 1136 del codice, o è disposto dall'autorità giudiziaria su domanda di almeno un terzo dei comproprietari di quella parte dell'edificio della quale si chiede la separazione.

Art. 62.

La disposizione del primo comma dell'articolo precedente si applica anche se restano in comune con gli originari partecipanti alcune delle cose indicate dall'articolo 1117 del codice.

Qualora la divisione non possa attuarsi senza modificare lo stato delle cose e occorrano opere per la sistemazione diversa dei locali o delle dipendenze tra i condomini, lo scioglimento del condominio deve essere deliberato dall'assemblea con la maggioranza prescritta dal quinto comma dell'articolo 1136 del codice stesso.

Capo II

Dei condomini morosi

Nei confronti dei condomini in ritardo col pagamento delle spese condominiali, dopo 6 mesi dal rendiconto in cui risulta la morosità (entro sei mesi dalla chiusura dell'esercizio nel quale il credito esigibile è compreso.), l'Amministrazione ha l'obbligo di agire per la riscossione forzosa delle somme dovute dagli obbligati, cioè richiedere il decreto ingiuntivo, salvo dispensa assembleare (art. 1129 cod. civile), preceduto da eventuale sollecito di pagamento.

In caso di opposizione del condomino moroso al decreto ingiuntivo, grava su questi (Cass. 3 dicembre 2015 n. 24629) l'onere di attivare la procedura di mediazione, obbligatoria come condizione di procedibilità della domanda giudiziale.

Se l' Amministrazione e il condomino insolvente si accordano con la mediazione per estinguere il credito con il versamento di una quota parte più bassa della somma in principio dovuta, e senza una delibera dell'assemblea dei condomini in questione, gli altri condomini su cui verrà ripartita pro quota la differenza, possono citare in giudizio l'Amministrazione per il risarcimento del danno.

Sempre il nuovo art. 63 disp. attuative c.c. prevede che "i creditori (del condominio) non possono agire nei confronti degli obbligati in regola con i pagamenti, se non dopo l'escussione degli altri condomini".

Dietro domanda dei creditori, l' Amministrazione deve trasmettere loro i dati e i nominativi dei condomini morosi: l' Amministrazione è in ogni caso il primo soggetto tenuto ad agire per il recupero.

Differentemente dal trascorso il creditore del fabbricato non può agire verso un condomino qualsiasi, anche in regola coi pagamenti, che anticipava la somma dovuta dai condomini morosi e poi doveva risarcirsi su questi.
Per effetto della riforma, anche il creditore del condominio che decide di agire per il recupero del credito, senza aspettare gli atti

dell'Amministrazione, deve escutere i condomini morosi.

In ogni caso, i condomini rispondono in solido per i debiti di quelli morosi per un importo massimo determinato.

La Corte di Cassazione a Sezioni Unite ha stabilito in via definitiva il principio della parziarietà o *pro quota* delle obbligazioni condominiali, in sostituzione del principio di responsabilità solidale passiva (Cass. civ., Sez. un., Sentenza 8 aprile 2008, n. 9148).

Responsabilità pro quota non significa che i condomini rispondono soltanto per la propria quota di spese condominiali, ossia non per i condomini morosi: significa piuttosto che le somme mancanti per morosità devono essere ripartite, in base ai millesimi di proprietà, fra tutti i condomini, morosi e no.

Tuttavia, è illecito far anticipare ai soli condomini non morosi l' ammontare del debito, in quanto questo comporterebbe di addebitare ad altri condomini una quota più alta ai loro millesimi di proprietà, essendo questa maggiorata della quota relativa ai millesimi di proprietà di quelli morosi.

Il creditore può esercitare avverso i condomini debitori nei suoi confronti l'azione esecutiva per l' intero ammontare, d'altronde non può esercitare nei confronti degli altri azioni esecutive per importi superiori al debito spettante ripartito rispetto ai millesimi di proprietà. L' ingiunzione include gli interessi legali, spese di sollecito e spese legali.

Riguardo alle spese legali riporto la seguente questione da approfondire: È affetta da nullità - e quindi sottratta al termine di impugnazione previsto dall'art. 1137 c.c., la deliberazione dell'assemblea condominiale che incida sui diritti individuali di un condomino, come quella che ponga a suo totale carico le spese del legale del condominio per una procedura iniziata contro di lui, in mancanza di una sentenza che ne sancisca la soccombenza, e detta nullità, a norma dell'art. 1421 c.c., può essere fatta valere dallo stesso condomino che abbia partecipato all'assemblea ancorché abbia espresso voto favorevole alla deliberazione, ove con tale voto non si esprima l'assunzione o il riconoscimento di una sua obbligazione, in ossequio alla sentenza dalla Corte suprema di cassazione Civile, Sezione II, 6 ottobre 2008 n 24696.

Il creditore intraprenderà un'unica azione e notificherà l'ingiunzione di pagamento contro il fabbricato e l'Amministrazione, suo legale rappresentante, dovendo proseguire nei confronti dei singoli condomini nella sola fase del pignoramento.

L' Amministrazione può richiedere al giudice un decreto ingiuntivo di versamento avverso i condomini morosi.

Se il valore della controversia non eccede 1.100 euro, la domanda può essere proposta personalmente dall'Amministrazione (art. 82 c.p.c.); negli altri casi sarà sempre necessaria l'assistenza di un avvocato.
Il decreto ingiuntivo per il pagamento di contributi condominiali risultanti dallo stato di ripartizione approvato dall'assemblea può essere richiesto con efficacia provvisoriamente esecutiva, perciò idoneo a fondare una esecuzione forzata anche in pendenza di eventuale opposizione presentata da controparte.

In questo modo, il creditore può recuperare in tempi rapidi quanto dovuto e l'Amministrazione avere copertura per le altre spese determinate dalla morosità (spese di sollecito, legali, ecc.), permettendo ai condomini di anticipare al peggio somme limitate.

In alternativa, l'Amministrazione può, come in passato, procedere d'ufficio a ripartire i deficit di cassa, penali e interessi di mora notificati dai creditori, fra tutti i condomini, in base ai millesimi.

L'assemblea può denunciare l'Amministrazione per danno al condominio, ovvero il condomino può chiedere il risarcimento del danno, derivante dalla sua condotta negligente e omissiva che ha comportato il mancato o ritardato recupero del credito, in base agli art. 1130 e 1131 c.c., che lo obbliga ad assicurare i servizi di condominio e alla riscossione dei contributi.

Di nuovo, la norma è interpretabile in merito alla gestione delle morosità oppure alla sola riscossione non coattiva delle quote condominiali.

La cattiva condotta sussiste ad esempio se non si è intentata alcuna azione avverso i morosi, oppure se l'Amministrazione non si è avvalsa delle speciali tutele che la legge riserva ai crediti condominiali, a maggior ragione del fatto che questi non sono creditori privilegiati.

Per adottare criteri di ripartizione diversi dalla proporzionalità (millesimi di proprietà), ad esempio per far anticipare il debito ai solo condomini non morosi, occorre all'Amministrazione una delibera assembleare (art. 1123 c.c.).

La delibera deve essere approvata di norma all'unanimità, a maggioranza in situazione di urgenza, ad esempio se il creditore ha iniziato azioni esecutive che, per un cessato pagamento del debito, comporterebbero l'interruzione di servizi di condominio, ovvero, anche in assenza di ingiunzioni di pagamento, se l'Amministrazione può provare che il non avvenuto pagamento dei creditori comporta maggiori oneri per l'intero condominio, quali per l'aumento degli interessi di mora, o delle spese legali per la continuazione della causa.

La responsabilità personale dei condomini per le obbligazioni deliberate dall'assemblea condominiale e dall'Amministrazione è una tematica oggetto di un dibattito che dura da 50 anni.

In passato, la maggioranza dei provvedimenti della magistratura decideva che i condomini sono responsabili in via solidale nei confronti di qualunque creditore.

Se un condomino non pagava la propria parte di spese, l'Amministrazione, esercitando diritto di rivalsa se aveva anticipato la somma ai creditori, ovvero il creditore stesso poteva richiedere al tribunale un decreto ingiuntivo e procedere al pignoramento verso uno o più condomini a sua scelta, per il soddisfacimento del credito.

Come caso limite, poteva essere chiamato ad anticipare in tempi brevi il completo importo mancante, ossia ingenti somme, un solo condomino.

La scelta poteva prescindere dalla sua condizione di reddito, dai millesimi di proprietà o dal fatto che avesse pagato la propria quota di spese condominiali.

Infatti, la suddivisione del debito dell'inadempiente su tutti i condomini, in proporzione ai millesimi di proprietà per evitare un esagerato onere su pochi, era un'opzione che il creditore e l'Amministrazione potevano rifiutare.

Se un condomino non pagava la sua quota di spese, un creditore poteva esercitare il diritto di rivalsa nei confronti di uno qualunque degli altri condomini, a sua scelta.

Il provvedimento esecutivo poteva essere chiesto addirittura verso condomini non nominati nella sentenza.

Tale condomino poteva esercitare il diritto di regresso nei confronti di quello insolvente, per la somma che aveva dovuto anticipare.

I riferimenti normativi sono gli art. 1123, 1294, 1295 e 1314 c.c. Non esiste, infatti, una normativa specifica in merito alla responsabilità dei condomini nei confronti di creditori terzi.

L'art. 1123 c.c. indica che le spese per la conservazione e il godimento di parti comuni si ripartiscono in proporzione ai millesimi di proprietà e non specifica come fare se un proprietario ritarda o non paga le proprie quote.

L'approvazione di criteri diversi da quello di proporzionalità deve avvenire *all'unanimità*, per cui l'assemblea dei condomini non può deliberare a maggioranza la costituzione di un fondo cassa/fondo morosità da utilizzare a compensazione delle rate mancanti, non può suddividere sui condomini non morosi le somme e relativi penali o interessi di mora dovuti alla condotta di singoli.

La Cassazione ha ammesso come unica eccezione una delibera a maggioranza in merito alla creazione di un fondo cassa, la situazione di urgenza che si instaura quando il creditore notifica al condominio il precetto delle sue spettanze, e la mancata assenza del blocco dell'azione esecutiva porta l'interruzione di servizi di condominio di particolare importanza, quali riscaldamento, ascensori, luci (Corte suprema di cassazione, sent. n. 13631 del 5 novembre 2001, pag. 2025). Ciò vale a titolo provvisorio e temporaneo, salvo conguaglio a favore dei condomini non morosi e avvio da parte dell'Amministrazione delle iniziative necessarie per avere il pagamento degli oneri insoluti dal debitore.

Per il caso generale, gli art. 1294 e 1295 c.c. indicano due modi alternativi per ripartire le obbligazioni: i condebitori sono tenuti in solido (art. 1294), i coeredi dividono l'obbligazione in proporzione alle quote (art. 1295).

Secondo l'art. 1313, quando ci sono più debitori e l'obbligazione è la stessa, ciascuno è tenuto a pagare la sua quota di debito.

Dott. Piero Antonio Esposito

La legge non menziona il criterio della divisibilità dell'obbligazione, per stabilire se la responsabilità sia solidale o meno, ma è quanto la giurisprudenza interpreta dagli art. 1294 e 1313 c.c.

Art. 1294.
Solidarietà tra condebitori.
I condebitori sono tenuti in solido, se dalla legge o dal titolo non risulta diversamente.

Art. 1313.
Insolvenza di un condebitore in caso di rinunzia alla solidarietà.
Nel caso di rinunzia del creditore alla solidarietà verso alcuno dei debitori, se uno degli altri è insolvente, la sua parte di debito è ripartita per contributo tra tutti i condebitori, compreso quello che era stato liberato dalla solidarietà.

La Cassazione ha motivato la decisione constatando che il conferimento di un appalto da parte di una pluralità di committenti non è sufficiente perché si applichi l'art. 1294 del codice civile, relativo alla solidarietà fra condebitori.

Oltre alla stessa causa del debito, serve anche la sua non-divisibilità, requisito assente per le spese condominiali, che sono ripartite per millesimi.

Alle obbligazioni condominiali deve applicarsi l'art. 1295 del c.c., simile alla ripartizione dei debiti fra coeredi.

Caso particolare *a latere* è la responsabilità solidale fra acquirente e vecchio proprietario. La giurisprudenza ha interpretato tale responsabilità in modo restrittivo rispetto al passato, confermando l'orientamento verso una responsabilità personale e non più solidale delle obbligazioni dei condomini.

Il nuovo proprietario risponde in modo solidale col vecchio solamente per le spese deliberate e/o sostenute dal condominio nell'anno in corso e quello precedente l'acquisto, da solo per le spese più vecchie.

Sezione I

Dell'interruzione dei servizi a godimento separato

Fra gli strumenti non giudiziali di autotutela del creditore, troviamo la possibilità per l'Amministrazione (ovvero per l'assemblea di condominio) di decidere per i condomini morosi l'interruzione dei servizi suscettibili godimento separato, anche essenziali quali per prima casa adibita ad abitazione principale, e attuata con ingresso nei locali di proprietà del condomino, nel caso di morosità che si sia protratta per oltre un semestre (art. 15, l. 220/2012): parcheggio condominiale con sbarra elettrica, ascensore condominiale munito di chiavi, pulizia delle scale e servizi di portineria, acqua centralizzata, luce, riscaldamento, antenna TV, a patto che per la configurazione degli impianti, l'interruzione non comporta l'interruzione del servizio anche a condomini in regola coi pagamenti.

Così come è enunciata dalla legge, si tratta di una facoltà (e non di un obbligo) dell'Amministrazione, che quindi potrebbe anche non avvalersene prima di procedere a ripartire le somme mancanti *pro quota* fra tutti i condomini.

Il regolamento condominiale che vieti tale potere all'Amministrazione, sarebbe invalido.

La situazione è analoga anche per il caso frequente di un proprietario responsabile in solido per l'inquilino moroso.

La giurisprudenza ha più volte stabilito che la responsabilità è personale, ovviamente e in primo luogo dell'autore di una condotta che viola il regolamento del condominio, e non "automaticamente" del proprietario.

Ciò può per analogia essere fatto valere anche per i consumi di servizi "comuni" quali acqua e riscaldamento condominiali, e per il mancato pagamento delle relative spese

Il proprietario può chiedere all'Amministrazione una contabilizzazione separata per le spese straordinarie e per le spese ordinarie, e di inviare queste ultime all'inquilino che le pagherà direttamente al conto corrente del condominio.

Tutto ciò configura in diritto e di fatto la posizione dell'inquilino come parte avente soggettività giuridica da parte di e nei confronti del condominio, con la conseguente legittimità attiva e passiva ad agire in giudizio: in un qualunque rapporto di debito-credito, così come l'inquilino può contestare all'Amministrazione importo e natura delle spese ordinarie addebitate, così parimenti l'Amministrazione può in linea teorica (e nessuna norma lo vieta esplicitamente) agire in giudizio avverso l'inquilino moroso per il recupero del credito dovuto.

Responsabilità solidale non significa certamente che sia il proprietario a rispondere automaticamente di qualsiasi negligenza o morosità del locatario.

Art. 63.
Per la riscossione dei contributi in base allo stato di ripartizione approvato dall'assemblea, l'amministratore, senza bisogno di autorizzazione di questa, può ottenere un decreto di ingiunzione immediatamente esecutivo, nonostante opposizione, ed è tenuto a comunicare ai creditori non ancora soddisfatti che lo interpellino i dati dei condomini morosi.
I creditori non possono agire nei confronti degli obbligati in regola con i pagamenti, se non dopo l'escussione degli altri condomini.
In caso di mora nel pagamento dei contributi che si sia protratta per un semestre, l'amministratore può sospendere il condomino moroso dalla fruizione dei servizi comuni suscettibili di godimento separato.
Chi subentra nei diritti di un condomino è obbligato solidalmente con questo al pagamento dei contributi relativi all'anno in corso e a quello precedente.
Chi cede diritti su unità immobiliari resta obbligato solidalmente con l'avente causa per i contributi maturati fino al momento in cui è trasmessa all'amministratore copia autentica del titolo che determina il trasferimento del diritto.

Capo III

Della revoca dell'Amministrazione

Si riporta in seguito l'art. 64 delle disposizioni di attuazione, che prescrive le procedure per la revoca dell'Amministratore nei casi indicati dall'undicesimo comma dell'articolo 1129 e dal quarto comma dell'articolo 1131 del codice ed il relativo reclamo.

Art. 64.

Sulla revoca dell'amministratore, nei casi indicati dall'undicesimo comma dell'articolo 1129 e dal quarto comma dell'articolo 1131 del codice, il tribunale provvede in camera di consiglio, con decreto motivato, sentito l'amministratore in contraddittorio con il ricorrente. Contro il provvedimento del tribunale può essere proposto reclamo alla corte d'appello nel termine di dieci giorni dalla notificazione o dalla comunicazione.

Capo IV

Del curatore speciale in mancanza del legale rappresentante

Si riporta per intero l'art. 65. disp. att. c.c. per il caso in cui un condomino intenda iniziare o proseguire una lite contro i partecipanti a un condominio, ma manca il legale rappresentante.

Art. 65.
Quando per qualsiasi causa manca il legale rappresentante dei condomini, chi intende iniziare o proseguire una lite contro i partecipanti a un condominio può richiedere la nomina di un curatore speciale ai sensi dell'articolo 80 del codice di procedura civile.
Il curatore speciale deve senza indugio convocare l'assemblea dei condomini per avere istruzioni sulla condotta della lite.

Capo V

Dell'assemblea straordinaria

Può essere richiesta una convocazione straordinaria all'Amministrazione anche dai condomini, purché siano rispettati i requisiti descritti dall'art. 66 e 67 disp. Att. c.c.,

Ogni condomino può partecipare in assemblea in proprio altrimenti per mezzo di un rappresentante.

Quando il regolamento non prevede particolari deroghe, chiunque (condomino o estraneo) può essere incaricato invece del condomino.

Dal 18 giugno 2013 non può più essere incaricata l' Amministrazione.

Il maggior numero delle deleghe concesso è rappresentato da un quinto per ciascun rappresentante.

Il delegato però non può incaricare a sua volta altri, a meno che non sia consentito da chi ha dato l' autorizzazione.

Il condomino è rappresentato in toto dal rappresentante, a meno che l'autorizzazione non contenga, congiuntamente alle istruzioni, anche dei limiti.

Ad ogni effetto di legge, il condomino rappresentato è come se fosse presente all'adunanza assembleare.

Ai fini della regolarità della deliberazione, è minimo conseguire la prevalenza dei millesimi (ossia la maggior parte dei condomini).

La regolarità delle delibere si estende a tutti i condomini, anche quelli assenti o dissenzienti (fermo restando la competenza ad impugnare la delibera).

Le norme relative alla efficacia della istituzione dell'assemblea e alla efficacia delle delibere **sono inderogabili** (art. 1138 codice civile).

Art. 66.

L'assemblea, oltre che annualmente in via ordinaria per le deliberazioni indicate dall'articolo 1135 del codice, può essere convocata in via straordinaria dall'amministratore quando questi lo ritiene necessario o quando ne è fatta richiesta da almeno due condomini che rappresentino un sesto del valore dell'edificio. Decorsi inutilmente dieci giorni dalla richiesta, i detti condomini possono provvedere direttamente alla convocazione.

In mancanza dell'amministratore, l'assemblea tanto ordinaria quanto straordinaria può essere convocata a iniziativa di ciascun condomino.

L'avviso di convocazione, contenente specifica indicazione dell'ordine del giorno, deve essere comunicato almeno cinque giorni prima della data fissata per l'adunanza in prima convocazione, a mezzo di posta raccomandata, posta elettronica certificata, fax o tramite consegna a mano, e deve contenere l'indicazione del luogo e dell'ora della riunione.

In caso di omessa, tardiva o incompleta convocazione degli aventi diritto, la deliberazione assembleare è annullabile ai sensi dell'articolo 1137 del codice su istanza dei dissenzienti o assenti perché non ritualmente convocati.

L'assemblea in seconda convocazione non può tenersi nel medesimo giorno solare della prima.

L'amministratore ha facoltà di fissare più riunioni consecutive in modo da assicurare lo svolgimento dell'assemblea in termini brevi, convocando gli aventi diritto con un unico avviso nel quale sono indicate le ulteriori date ed ore di eventuale prosecuzione dell'assemblea validamente costituitasi.

Capo VI

Delle altre forme di condominio

In Italia sono diffuse due tipi particolari di condomini:

- il Supercondominio;
- il Condominio Parziale.

Sezione I

Del supercondominio

Il supercondominio, anche conosciuto come condominio complesso o condominio orizzontale, generalmente, riguarda un complesso immobiliare composto da più edifici (ciascuno dei quali di norma costituito in condominio), o fabbricati, dove sono facilmente riconoscibili le competenze di spese il cui godimento riguarda una compagine ristretta di condomini rispetto all'intero; le compagini ristrette sono di norma condominii, ma la comunione condivisa tra tutta la compagine normalmente da origine al supercondominio.

Le uniche differenze tra condominio e supercondominio riguardano:

- l'iter procedurale di convocazione per l'approvazione del consuntivo e la nomina dell'Amministratore,
- la composizione dell'assemblea

poiché l'assemblea è formata dai rappresentanti dei condominii parziali, da essi nominati durante l'assemblea del condominio parziale stesso, su specifica richiesta dell'Amministratore del supercondominio all'Amministratore del condominio parziale.

Ad esempio, una serie di condominii che condividono gli stessi viali di accesso, aree parcheggi, impianti idrici ed elettrici comuni.

Anche se continuano a nascere nuovi supercondominii, la riforma del Condominio non li ha definiti, anche se in giurisprudenza e nella pratica si trovano ormai frequentemente.

Visto che al supercondominio si applicano le stesse norme relative al condominio, si deve procedere a convocare un'assemblea, redigere un regolamento condominiale e nominare un Amministrazione.

Sezione II

Del condominio parziale

Il condominio è parziale nel caso di gestione separata di un bene che, per obiettive caratteristiche funzionali, è destinato al servizio e/o al godimento di una parte soltanto dell'edificio in condominio.

La cassazione, con sentenza n°10483 del 21-5-2015 ha stabilito che è configurabile il condominio parziale, ogni volta che un bene è destinato al servizio e al godimento in modo esclusivo di una parte dell'edificio del condominio.

Art. 67.

Ogni condomino può intervenire all'assemblea anche a mezzo di rappresentante, munito di delega scritta. Se i condomini sono più di venti, il delegato non può rappresentare più di un quinto dei condomini e del valore proporzionale.

Qualora un'unità immobiliare appartenga in proprietà indivisa a più persone, queste hanno diritto a un solo rappresentante nell'assemblea, che è designato dai comproprietari interessati a norma dell'articolo 1106 del codice.

Nei casi di cui all'articolo 1117-bis del codice, quando i partecipanti sono complessivamente più di sessanta, ciascun condominio deve designare, con la maggioranza di cui all'articolo 1136, quinto comma, del codice, il proprio rappresentante all'assemblea per la gestione ordinaria delle parti comuni a più condominii e per la nomina dell'amministratore. In mancanza, ciascun partecipante può chiedere che l'autorità giudiziaria nomini il rappresentante del proprio condominio. Qualora alcuni dei condominii interessati non abbiano nominato il proprio rappresentante, l'autorità giudiziaria provvede alla nomina su ricorso anche di uno solo dei rappresentanti già nominati, previa diffida a provvedervi entro un congruo termine. La diffida ed il ricorso all'autorità giudiziaria sono notificati al condominio cui si riferiscono in persona dell'amministratore o, in mancanza, a tutti i condomini.

Ogni limite o condizione al potere di rappresentanza si considera non apposto. Il rappresentante risponde con le regole del mandato e comunica tempestivamente all'amministratore di ciascun condominio l'ordine del giorno e le decisioni assunte dall'assemblea dei rappresentanti dei condominii. L'amministratore riferisce in assemblea.

All'amministratore non possono essere conferite deleghe per la partecipazione a qualunque assemblea.

L'usufruttuario di un piano o porzione di piano dell'edificio esercita il diritto di voto negli affari che attengono all'ordinaria amministrazione e al semplice godimento delle cose e dei servizi comuni.

Nelle altre deliberazioni, il diritto di voto spetta ai proprietari, salvi i casi in cui l'usufruttuario intenda avvalersi del diritto di cui all'articolo 1006 del codice ovvero si tratti di lavori od opere ai sensi degli articoli 985 e 986 del codice. In tutti questi casi l'avviso di convocazione deve essere comunicato sia all'usufruttuario sia al nudo proprietario.

Il nudo proprietario e l'usufruttuario rispondono solidalmente per il pagamento dei contributi dovuti all'amministrazione condominiale.

Capo VII

Delle tabelle millesimali

Le tabelle millesimali, ai sensi della legge italiana, rappresentano le quote di proprietà nel condominio, espresso come rapporto fra il valore di ciascuna unità e il valore dell'intero edificio, fatto uguale a 1.000 ma il valore complessivo potrebbe anche essere rappresentato con un numero diverso da 1.000 (da qui il nome).

Sezione I

Delle caratteristiche delle tabelle millesimali

Gli articoli 1118 e 1123 del Codice Civile Italiano disciplinano la misura, rispettivamente, del diritto e dell'onere di contribuzione di ciascun condomino, stabilendo che questa sia proporzionale al valore del piano o della porzione di piano (unità immobiliare).

Le disposizioni di attuazione del codice civile (all'art. 68) prevedono che esso debba contenere il valore di ciascun piano o porzione di piano e che i valori stessi debbano essere espressi in apposita tabella allegata al regolamento.

La tabella millesimale è, pertanto, costituita da una tabella sintetica, nella quale sono riportati i valori proporzionali relativi alle singole unità immobiliari; i valori rilevano sia per quanto riguarda il voto in assemblea, sia per quanto riguarda il contributo alle spese.

I valori rilevano altresì le validità e i vari quorum costitutivi e deliberativi delle assemblee.

Sezione II

Dei dettagli tecnici delle tabelle millesimali

Le tabelle sono un allegato del regolamento e ne rappresentano lo strumento attuativo più importante.

Da esse dipende la ripartizione delle spese ordinarie e straordinarie ma soprattutto le maggioranze assembleari, e le loro validità costitutive.

Le Tabelle Millesimali devono essere redatte da un tecnico (Ingegnere, perito edile, geometra, architetto) che ha le competenze tecniche in quanto si dovrà sempre procedere alle operazioni materiali, come le misurazioni di tutte le unità immobiliari, e poi alla successiva elaborazione tecnica con redazione delle tabelle vere e proprie e un elaborato descrittivo cosiddetto Relazione qualitativa e quantitativa del condominio.

La metodologia per la redazione, ad esempio delle Tabelle Millesimali Generali (che esprimono le quote sulla proprietà comune) sono stabilite dalla superficie reale o volume delle varie unità immobiliari (appartamenti, negozi, sottotetti, ecc.) adattate con particolari coefficienti, questi coefficienti tengono conto delle caratteristiche intrinseche ed estrinseche di tutti i vani, calcolando così la superficie virtuale o volume virtuale.

Ad esempio, i coefficienti più usati sono coefficiente di destinazione, di esposizione, di illuminazione, ecc., ma essi sono arbitrari e dipendono dalla sensibilità del tecnico.

La somma delle superfici virtuali di tutte le unità immobiliari viene rapportata a mille e con semplice procedimento aritmetico (facendo una proporzione) si giunge alla compilazione della tabella millesimale.

Le tabelle non possono tenere conto del valore locativo dell'immobile, per legge, ma tengono conto, per lo più, delle superfici, ai quali valori vengono applicati i coefficienti riduttivi di cui al Decr. Min LL.PP. 12.480/66.

È tuttavia compito del Tecnico verificare e valutare i valori riduttivi suggeriti dalla Circolare Ministeriale LL. PP. 12480/66, in relazione alla situazione esistente.

Detti valori possono infatti essere rigorosamente calcolati e determinati dal Tecnico sulla base della Circolare Ministeriale LL.PP. 4.12.64 n. 9836.

È costume usuale non procedere tuttavia con i calcoli laboriosi di cui alla Circolare n. 9836/64 e applicare i coefficienti del metodo speditivo suggerito dalla circolare N. 12480/66.

Tuttavia, sebbene il metodo speditivo sia più agevole e comprensibile, anche a chi non abbia cognizioni tecniche, e dia risultati generalmente corretti, il metodo scientifico suggerito dalla Circolare LL.PP. N. 9836/64 è da ritenersi più corretto.

Il tecnico può anche avvalersi di appositi programmi per computer come ausilio nell'operazione.

In taluni casi è comunemente preso in considerazione il volume delle unità immobiliari, in luogo delle superfici, poiché vi è differenza di altezze utili tra le varie unità (situazione tipica nei palazzi antichi), ovvero dovrà considerarsi un coefficiente di altezza che tiene conto delle differenze di spazi (è chiaro che in ambiente più alto ha un coefficiente maggiore poiché è suscettibile di un maggior utilizzo ad esempio con la creazione di un soppalco).

Sezione III

Dei metodi di calcolo delle tabelle millesimali

L'applicazione dei coefficienti correttivi è oggetto di forti discussioni e contrasti tra i condomini che si ritengono danneggiati dall'applicazione dei valori anziché altri.

Il D.M. del '66, nato per l'edilizia economica popolare, è solo un riferimento su cui il tecnico incaricato alla redazione delle tabelle, si basa per determinare il coefficiente più appropriato.

Il metodo che elimina tutti i coefficienti correttivi, e quindi tutte le discussioni conseguenti, è quello della determinazione del valore di ciascuna unità immobiliare, la cui somma determina il valore complessivo dell'intero edificio condominiale.

La riforma del catasto dei fabbricati ha previsto l'inserimento delle superfici lorde, quindi commerciali, delle unità immobiliari, oltre al già presente indicatore dei vani.

Orbene, se a tali superfici si applica il prezzo a metro quadro indicato nell'Osservatorio Immobiliare dell'Agenzia delle Entrate, otteniamo il valore di mercato di ciascuna unità immobiliare e quindi il valore complessivo dell'intero stabile.

Con i valori così ottenuti è facile ragguagliare il tutto in millesimi di proprietà.

Sezione IV

Della molteplicità delle tabelle millesimali

In ogni condominio possono esserci più tabelle millesimali.

Quella principale, delle tabelle millesimali in senso stretto, normalmente detta "di proprietà", rappresenta i valori proporzionali delle varie proprietà e serve a suddividere la maggior parte delle spese del condominio.

Altre tabelle millesimali possono essere poste in essere per l'uso delle proprietà comuni: ad esempio, possono essere riferite alla singola rampa di scale, all'ascensore, all'impianto di riscaldamento centralizzato, al giardino.

Queste tabelle devono considerare sia l'uso di servizi condominiali sia la quota di proprietà espressa dalle tabelle millesimali di proprietà.

Le più frequenti nella prassi sono le tabelle millesimali d'uso per la ripartizione delle spese riguardanti scale e ascensore (ove presente).

In tal caso si adotta di solito il seguente criterio (indicato come principio dall'art. 1124 del Codice Civile): la quota è determinata per metà dai millesimi di proprietà e l'altra metà in proporzione all'altezza del piano abitato.

Per ottenere le quote della seconda metà si divide questa per la sommatoria del numero di piani dell'edificio e il risultato si moltiplica per ciascun piano.

Ad esempio: se in una palazzina di 5 piani con due unità immobiliari per piano, la spesa mensile per la pulizia delle scale è EUR 1.000,00, EUR 500,00 andranno divisi secondo il valore degli immobili (come da tabella millesimale, se esistente, o dividendo mille millesimi per il numero complessivo delle unità immobiliari che fanno uso di quel servizio, equiparando così le quote millesimali) e gli altri EUR 500,00 andranno divisi secondo i calcoli di cui sopra ovvero per ogni singolo immobile del terzo piano 500/10*3/2 = 75, per il quarto 500/10*4/2 = 100 ecc..

Una differenza importante è che, mentre alle tabelle millesimali di proprietà partecipano tutti i condomini (e di conseguenza alle spese ripartite con esse) senza possibilità di esclusione, le tabelle millesimali d'uso possono essere anche parziali.

Ad esempio, alle spese ordinarie delle scale-ascensore, i condomini che non ne fanno uso possono essere esclusi (si pensi ai proprietari di negozi al pian terreno che hanno accesso indipendente e che non usufruiscono in nessun modo delle scale non dovendo neanche passare per l'androne del fabbricato).

Sezione V

Dell'approvazione, contenuto e modifica delle tabelle millesimali

La giurisprudenza in passato ha stabilito che le tabelle esprimono una valutazione sul valore delle singole proprietà immobiliari, e pertanto queste ultime hanno contenuto negoziale e dovevano essere sempre approvate all'unanimità.

Anche la loro redazione o modifica, in sede giudiziaria, richiedeva l'intervento dei singoli condomini. (Cass. 3967/84, Cass. 1057/85, T. MI 21/12/92, Cass. 1602/95, T. Roma, 4/3/97).

Ciò comportava che fosse sempre necessaria l'unanimità dei condomini per l'approvazione o la modifica di tabelle e, in mancanza, ogni singolo condomino poteva adire l'Autorità Giudiziaria affinché provvedesse, citando ogni singolo condomino (e non l'Amministrazione) davanti al Giudice.

Pratica normalmente non gradita ai condomini, per le spese che essa comportava.

Per lungo tempo anche la Suprema Corte ha fatto riferimento alla natura negoziale dell'atto di approvazione delle tabelle millesimali, nel senso che, pur non potendo essere considerato come contratto, non avendo carattere dispositivo (in quanto con esso i condomini, almeno di solito, non intendono in alcun modo modificare la portata dei loro rispettivi diritti e obblighi di partecipazione alla vita del condominio, ma intendono soltanto determinare quantitativamente tale portata), deve essere inquadrato nella categoria dei negozi di accertamento, con conseguente necessità del consenso di tutti i condomini (sent. 8 luglio 1964 n. 1801).

Tuttavia, anche nella precedente giurisprudenza della Corte le deliberazioni in materia di modifiche alle tabelle millesimali adottate dalla assemblea, sia a maggioranza sia all'unanimità dei soli condomini presenti, configuravano una ipotesi di nullità soltanto relativa, in quanto non opponibile dai condomini consenzienti.

Già in passato le modifiche non votate all'unanimità non erano del tutto prive di efficacia, in quanto obbligavano tutti coloro che avevano votato a favore della modifica, ad accettare una ripartizione delle spese conseguente alle nuove tabelle.

Almeno la Suprema Corte applicava questo orientamento, laddove più di frequente i tribunali di primo grado e di appello annullavano le delibere richiedendo l'unanimità dei consensi.

La sentenza 18.477 del 9 agosto 2010 delle sezioni unite della Corte di Cassazione inverte questo orientamento e sostiene che l'approvazione o modifica delle tabelle millesimali non è un negozio di accertamento del diritto di proprietà sulle singole unità immobiliari e sulle parti comuni, la tabella millesimale serve solo a esprimere in precisi termini aritmetici un già preesistente rapporto di valore tra i diritti dei vari condomini, senza incidere in alcun modo su tali diritti:

- non accerta nessun diritto di proprietà, i quali sono desumibili da altri atti pubblici di maggior forza, come un rogito notarile (per compravendita o permuta), oppure il condono edilizio di una parte costruita abusivamente;
- non ha natura negoziale, perché viene meno la caratteristica propria del negozio giuridico della conformazione della realtà oggettiva alla volontà delle parti.

- Non solo sono predeterminati da altri atti i diritti di proprietà, ma anche l'obbligo contributivo del condomino sarebbe calcolabile anche senza votazione delle parti in quanto determinato dalla legge, che con una precisa normativa tecnica identifica rapporto di valore fra questi diritti di proprietà.

- L'atto di approvazione delle tabelle fa capo a una documentazione ricognitiva di tale realtà ed è un parametro dì quantificazione dell'obbligo contributivo del condomino, determinato in base a una valutazione tecnica.

Poiché la delibera assembleare non è un negozio di accertamento (e nemmeno un contratto) per la modifica non è obbligatoria l'unanimità degli aventi diritto o dei presenti in assemblea né la forma scritta.

Per la modifica dei valori delle tabelle millesimali si applica l'art. 1136 comma 2 del codice civile, e quindi è sufficiente una maggioranza non qualificata, raggiungere il doppio requisito che votino a favore la maggioranza dei presenti all'assemblea (voto capitario) e che questa maggioranza a favore rappresenti i 500/1000 del condominio ove si decidono le modifiche.

Vengono operate delle interpretazioni restrittive della portata della sentenza, sottolineando che non possono essere modificate a maggioranza le tabelle millesimali:

- riguardanti i diritti di proprietà e il godimento delle parti comuni, perché sarebbe leso un diritto soggettivo indisponibile, che non può essere rimesso alla volontà della maggioranza.
- Queste tabelle tipicamente si utilizzano per la ripartizione di spese straordinarie.
- La Cassazione sostiene che:
  in presenza di tabelle millesimali derivanti da un precedente atto negoziale votato all'unanimità dei condomini (laddove il regolamento condominiale non preveda esplicitamente la possibilità di una modifica a maggioranza), in base al principio generale che un contratto letto, approvato e sottoscritto, salvo diversa indicazione, non è modificabile o rescindibile unilateralmente senza il consenso unanime dei contraenti.

La modifica a maggioranza delle tabelle millesimali sarebbe invece lecita per la divisione delle spese ordinarie, che comunque costituiscono la quota prevalente del bilancio condominiale e delle rate degli inquilini.

Il requisito è diverso da quello per la validità dell'assemblea: perché l'assemblea sia valida *i presenti* devono rappresentare i 500/1000 della proprietà, mentre per modificare le tabelle millesimali i *votanti a favore* devono rappresentare i 500/1000. Resta sempre inteso il doppio requisito prescritto nell'art. 1136 c.c..

La sentenza nasce con l'obiettivo dichiarato di ridurre i contenziosi derivanti da lavori abusivi e successivamente condonati che impediscono ai condomini di adeguare le tabelle millesimali perché manca il voto del proprietario interessato.

Tuttavia, la diminuzione e l'opportunità della modificazione delle tabelle millesimali apre scenari differenti:

- da una parte diminuiranno i contenziosi giudiziari ex art. 69 disposizioni di attuazione del C.C., cioè quelli per cui non potendo raggiungere l'unanimità, dovendo per forza svantaggiare qualche condomino che gode di una situazione favorevole, è necessario ricorrere alla autorità giudiziaria. Ad esempio, dovuti alle trasformazioni di spazi non residenziali come balconi e terrazze in verande e quindi residenziali (tali da aumentare la quota di proprietà condominiale) ovvero per le trasformazioni urbanistiche dei sottotetti in mansarde.
- dall'altra parte potrebbe creare altri tipi di contenziosi, ad esempio, per eventuali accordi tra condomini che riuniti in una maggioranza semplice e con un tecnico compiacente, potrebbe portare ad adottare quote millesimali ingiuste ma favorevoli a questi ultimi.

Il condomino che ritiene di avere subito un aumento illegittimo dei millesimi di proprietà a suo carico può impugnare la delibera e ottenere dal giudice la sospensione, per la quale l'Amministrazione è tenuto all'applicazione delle tabelle preesistenti, fino all'accertamento definitivo.

Dott. Piero Antonio Esposito

Il combinato disposto di questa sentenza e della Cass. civ., Sez. un., Sentenza 8 aprile 2008, n. 9148), comporta che la ripartizione *pro quota* delle spese non pagate da un singolo condomino può diventare una mera tutela formale, perché si possono cambiare le tabelle in modo che alcuni condomini paghino più di altri per un proprietario moroso.

Prima di questa sentenza, il singolo condomino non poteva essere chiamato ad anticipare più di una cifra massima nota, corrispondente al debito del condomino moroso ripartito per i suoi millesimi di proprietà (non modificabili se non all'unanimità), una mera tutela formale

Sezione VI

Della revisione delle tabelle millesimali

L'art. 69 delle disposizioni di attuazione del codice civile italiano dispone che le tabelle possano venire modificate ricorrendo una di queste due condizioni:

- quando risulta che siano conseguenza di un errore,
- quando, per le mutate condizioni di una parte dell'edificio, in conseguenza della sopraelevazione di nuovi piani, di espropriazione parziale o di innovazioni di vasta portata, è notevolmente alterato il rapporto originario tra i valori dei singoli piani o porzioni di piano.

Contrasti giurisprudenziali sono sorti relativamente al significato di errore.

In passato, infatti, si erano affermati due indirizzi; il primo, stabiliva che la semplice divergenza tra valore oggettivo e valore espresso integrasse sempre presupposto per la modifica della tabella; in questa ipotesi, qualora il singolo condomino avesse verificato, per mezzo di un tecnico, che la sua proprietà fosse stata sopra valutata in relazione alle spese, poteva chiedere la revisione, occorrendo, anche al Giudice e ciò semplicemente sulla base di una divergenza oggettiva.

Il secondo indirizzo, più restrittivo, enunciava il principio secondo il quale non fosse sufficiente la divergenza oggettiva, ma colui che richiedesse la rettifica, dovesse dimostrare che la sua approvazione fosse stata frutto di un errore della volontà, errore essenziale, in quanto, se conosciuto, avrebbe comportato la mancata approvazione; naturalmente ciò integra un aggravamento dell'onere della prova che renderebbe oltremodo difficile procedere a qualsiasi azione.

Le Sezioni Unite della Cassazione erano intervenute con la Sentenza n. 6222 del 9/7/97, suffragando il primo orientamento ma, di recente, la Sentenza n. 7908 del 12 giugno 2001 si è espressa in maniera difforme, riaprendo la questione; tale ultima pronunzia ha stabilito il principio secondo il quale, qualora la tabella abbia natura contrattuale, sia esperibile l'azione di cui all'art. 69 disp. Att. c.c., e sia esperibile l'ordinaria azione di annullamento del contratto per vizio della volontà (errore essenziale, violenza o dolo).

La citata Sentenza n. 7908 del 12 giugno 2001 sembrerebbe lasciare aperta la porta all'esistenza di tabelle non contrattuali ma approvate a maggioranza; tale principio si porrebbe in contrasto con l'orientamento pressoché uniforme che vede necessaria l'approvazione all'unanimità delle tabelle.

Su questa scia, Il Tribunale di Milano con sentenza del 12 febbraio 2007 n. 1812 ha ritenuto che l'assemblea può approvare o modificare, con le maggioranze stabilite dall'art. 1136, comma 2, c.c. e senza incorrere in alcuna nullità, la tabella di natura non contrattuale.

La delibera assembleare potrà solo essere annullata solo nel caso in cui non tenga conto della disposizione di cui agli artt. 1123, 1124, 1126 c.c.

Il consenso dei condomini all'approvazione o alla modifica delle tabelle non deve necessariamente risultare da formale delibera assembleare, ben potendo risultare anche dal comportamento tacito ma inequivocabile dei condomini (ad esempio, utilizzo di una nuova tabella, con effettuazione di pagamenti sulla base della stessa, senza contestazioni da parte di alcuno, per anni). (Cass. Sez. II Civile, sentenza n. 8863 del 28 aprile 2005)

La Corte Suprema di Cassazione attraverso la sentenza n. 18477 del 9 agosto 2010 ribadisce la natura maggioritaria della possibilità di modifica della tabella millesimale come da dettato dall'art. 1136 (e non erroneamente 1139 come riportato nella sentenza), comma 2 del Codice Civile.

Dott. Piero Antonio Esposito

Art. 68.

Ove non precisato dal titolo ai sensi dell'articolo 1118, per gli effetti indicati dagli articoli 1123, 1124, 1126 e 1136 del codice, il valore proporzionale di ciascuna unità immobiliare è espresso in millesimi in apposita tabella allegata al regolamento di condominio.

Nell'accertamento dei valori di cui al primo comma non si tiene conto del canone locatizio, dei miglioramenti e dello stato di manutenzione di ciascuna unità immobiliare.

Art. 69.

I valori proporzionali delle singole unità immobiliari espressi nella tabella millesimale di cui all'articolo 68 possono essere rettificati o modificati all'unanimità. Tali valori possono essere rettificati o modificati, anche nell'interesse di un solo condomino, con la maggioranza prevista dall'articolo 1136, secondo comma, del codice, nei seguenti casi:

1) quando risulta che sono conseguenza di un errore;

2) quando, per le mutate condizioni di una parte dell'edificio, in conseguenza di sopraelevazione, di incremento di superfici o di incremento o diminuzione delle unità immobiliari, è alterato per più di un quinto il valore proporzionale dell'unità immobiliare anche di un solo condomino. In tal caso il relativo costo è sostenuto da chi ha dato luogo alla variazione.

Ai soli fini della revisione dei valori proporzionali espressi nella tabella millesimale allegata al regolamento di condominio ai sensi dell'articolo 68, può essere convenuto in giudizio unicamente il condominio in persona dell'amministratore. Questi è tenuto a darne senza indugio notizia all'assemblea dei condomini. L'amministratore che non adempie a quest'obbligo può essere revocato ed è tenuto al risarcimento degli eventuali danni.

Le norme di cui al presente articolo si applicano per la rettifica o la revisione delle tabelle per la ripartizione delle spese redatte in applicazione dei criteri legali o convenzionali.

Capo VIII

Delle infrazioni al regolamento e sanzioni

L'ordinamento giuridico italiano non stabilisce:

- le modalità di accertamento della violazione, in materia di multe condominiali, lasciando intendere che questa attività non è svolta dal giudice.
- se la sanzione rientri nei crediti condominiali, e pertanto sìa esigibile entro sei mesi dalla chiusura del bilancio di esercizio. Né indica un diverso termine temporale, per evitare che l'interessato debba tutelarsi in merito a fatti commessi anni prima.
- come gestire le violazioni al Regolamento da parte delle famiglie in affitto: solo i proprietari partecipano e ricevono le comunicazioni dell'assemblea, e tuttavia in sede civile e penale ognuno risponde della propria condotta individuale, e il proprietario solo in quanto non ha messo in atto iniziative di richiamo verbale e scritto, o di sfratto (dove possibile) verso l'inquilino negligente.

La legge n. 220/2012 art. 24 eleva le sanzioni massime (art. 70 disp. att. cc) applicabili stabilendo che: Per le infrazioni al regolamento di condominio può essere stabilito, a titolo di sanzione, il pagamento di una somma fino ad euro 200 e, in caso di recidiva, fino ad euro 800.

La somma è devoluta al fondo di cui l'Amministrazione dispone per le spese ordinarie.

L'assemblea di condominio può deliberare (all'unanimità) modifiche al Regolamento di condominio per introdurre sanzioni minori di quelle ammesse dalla legge per i trasgressori, restando invece inderogabili gli importi massimi.

Il d.l. n. 145/2013 (così detto decreto Destinazione Italia), il quale ha specificato che la sanzione *può* essere irrogata dall'assemblea con il voto favorevole della maggioranza degli intervenuti alla riunione ed almeno la metà del valore millesimale dell'edificio.
L'Amministrazione ha il compito di riscuotere la sanzione irrorata dall'assemblea, mentre non può irrorare multe di propria iniziativa, per

le quali è invece necessaria una delibera condominiale.

Prima della riforma del 2012, non era necessaria la delibera dell'assemblea per irrorare sanzioni (art. 1131), dal 2012 non è più nemmeno obbligatorio che il Regolamento di Condominio preveda espressamente le sanzioni ovvero richiami il codice civile, anche se questa prassi rimane consigliabile.

Le sanzioni pecuniarie includono gli interessi di mora per il mancato e/o ritardato pagamento di rate condominiali.

Secondo un orientamento giurisprudenziale, l'Amministrazione è obbligato a irrogare tali sanzioni, se si considera che è tenuto (art. 1130) a "curare l'osservanza del regolamento del condominio al fine di tutelare l'interesse generale al decoro, alla tranquillità ed all'abitabilità dell'edificio" (Cassazione, sentenza n. 14735 del 26 giugno 2006), e soprattutto a "riscuotere i contributi [...] per la manutenzione ordinaria delle parti comuni e per l'esercizio dei servizi comuni" (art. 1131, comma 3), potendosi verificare un probabile aggravio di queste spese a causa della condotta del condomino che non osserva il Regolamento, e che l'importo della sanzione è proprio per legge destinato al fondo per le spese ordinarie.

La riscossione è quindi responsabilità dell'Amministrazione, il sollecito scritto o telefonico non è obbligatorio prima dell'ingiunzione di pagamento, essendo sufficiente il rendiconto di bilancio dell'esercizio notificato ai condomini.

Compete all'Amministrazione la scelta di affidare a un avvocato il compito dell'ingiunzione dei pagamenti.

In base all'art. 63, Per la riscossione dei contributi in base allo stato di ripartizione approvato dall'assemblea, l'Amministrazione può ottenere decreto di ingiunzione immediatamente esecutivo, nonostante opposizione.

Non è quindi obbligatorio il procedimento di mediazione, né attendere 40 giorni dopo la notifica del decreto ingiuntivo: già il giorno dopo la notifica, il creditore può procedere con espropriazione forzata.

Non sono opponibili ai crediti condominiali i beni iscritti in apposito fondo patrimoniale. Nessuna tutela particolare, invece, è prevista per i proprietari nei confronti di un Amministrazione reo di appropriazione indebita del denaro versato dai condomini.

È sufficiente un piano di ripartizione delle spese approvato dall'Assemblea, sia preventivo sia consuntivo: la presenza di un consuntivo di spese non è più condizione per l'ingiunzione di pagamento, né è richiesto il consenso dei condomini (Art. 63 disp. Att. codice civile, R.D. n. 318/1942, sentenze Cassazione n. 24299/08 e n. 6323/03).

Vale però in generale che il credito deve essere certo, liquido ed esigibile: la certezza del credito si ha solo nel bilancio consuntivo di fine esercizio.

L'entità della sanzione può essere impugnata presso il giudice ordinario o di pace, che può ridurla anche d'ufficio (art. 1384, Cassazione Sentenza n. 18128/05 del 13/09/2005) se è manifestamente eccessiva o se il condomino ha parzialmente adempiuto alle sue obbligazioni e non è stata ridotta la sanzione a suo carico.

Art. 70.
Per le infrazioni al regolamento di condominio può essere stabilito, a titolo di sanzione, il pagamento di una somma fino ad euro 200 e, in caso di recidiva, fino ad euro 800. La somma è devoluta al fondo di cui l'amministratore dispone per le spese ordinarie.

Capo IX

Dei requisiti e caratteristiche dell'Amministrazione condominiale

Oltre a quanto succitato all'interno del Titolo IV del presente libro, l'Amministrazione deve possedere i requisiti prescritti ed elencati dal seguente articolo 71-bis disp. att. c.c., che riporto integralmente.

Art. 71-bis.
Possono svolgere l'incarico di amministratore di condominio coloro:
a) che hanno il godimento dei diritti civili;
b) che non sono stati condannati per delitti contro la pubblica amministrazione, l'amministrazione
della giustizia, la fede pubblica, il patrimonio o per ogni altro delitto non colposo per il quale la legge commina la pena della reclusione non inferiore, nel minimo, a due anni e, nel massimo, a cinque anni;
c) che non sono stati sottoposti a misure di prevenzione divenute definitive, salvo che non sia intervenuta la riabilitazione;
d) che non sono interdetti o inabilitati;
e) il cui nome non risulta annotato nell'elenco dei protesti cambiari;
f) che hanno conseguito il diploma di scuola secondaria di secondo grado;
g) che hanno frequentato un corso di formazione iniziale e svolgono attività di formazione periodica in materia di amministrazione condominiale.
I requisiti di cui alle lettere f) e g) del primo comma non sono necessari qualora l'amministratore sia nominato tra i condomini dello stabile.
Possono svolgere l'incarico di amministratore di condominio anche società di cui al titolo V del libro V del codice. In tal caso, i requisiti devono essere posseduti dai soci illimitatamente responsabili, dagli amministratori e dai dipendenti incaricati di svolgere le funzioni di amministrazione dei condominii a favore dei quali la società presta i servizi.
La perdita dei requisiti di cui alle lettere a), b), c), d) ed e) del primo comma comporta la cessazione dall'incarico. In tale evenienza ciascun condomino può convocare senza formalità l'assemblea per la nomina del nuovo amministratore.
A quanti hanno svolto attività di amministrazione di condominio per

almeno un anno, nell'arco dei tre anni precedenti alla data di entrata in vigore della presente disposizione, è consentito lo svolgimento dell'attività di amministratore anche in mancanza dei requisiti di cui alle lettere f) e g) del primo comma. Resta salvo l'obbligo di formazione periodica.

Dott. Piero Antonio Esposito

Capo X

Del sito internet e condominio online

Una profonda innovazione nell'ambito del condominio è rappresentata dall'art. 71-ter disp. att. c.c., sotto riportato, che riguarda la pubblicazione dei documenti all'interno di un sito condominiale che riporti tutta la documentazione scelta e deliberata in assemblea.

Art. 71-ter.
Su richiesta dell'assemblea, che delibera con la maggioranza di cui al secondo comma dell'articolo del codice, l'amministratore è tenuto ad attivare un sito internet del condominio che consenta agli aventi diritto di consultare ed estrarre copia in formato digitale dei documenti previsti dalla delibera assembleare. Le spese per l'attivazione e la gestione del sito internet sono poste a carico dei condomini.

Capo XI

Delle liti e della mediazione

La modificazione delle norme prevede l'obbligatorietà della mediazione per liti a carattere condominiale. A tale riguardo riporto integralmente l'art. 71-quater disp. att. c.c. che descrive le caratteristiche, i protocolli e le tipologie della procedura delle liti e della mediazione.

Art. 71-quater.
Per controversie in materia di condominio, ai sensi dell'articolo 5, comma 1, del decreto legislativo 4 marzo 2010, n. 28, si intendono quelle derivanti dalla violazione o dall'errata applicazione delle disposizioni del libro III, titolo VII, capo II, del codice e degli articoli da 61 a 72 delle presenti disposizioni per l'attuazione del codice.
La domanda di mediazione deve essere presentata, a pena di inammissibilità, presso un organismo di mediazione ubicato nella circoscrizione del tribunale nella quale il condominio è situato.
Al procedimento è legittimato a partecipare l'amministratore, previa delibera assembleare da assumere con la maggioranza di cui all'articolo 1136, secondo comma, del codice.
Se i termini di comparizione davanti al mediatore non consentono di assumere la delibera di cui al terzo comma, il mediatore dispone, su istanza del condominio, idonea proroga della prima comparizione.
La proposta di mediazione deve essere approvata dall'assemblea con la maggioranza di cui all'articolo 1136, secondo comma, del codice. Se non si raggiunge la predetta maggioranza, la proposta si deve intendere non accettata.
Il mediatore fissa il termine per la proposta di conciliazione di cui all'articolo 11 del decreto legislativo 4 marzo 2010, n. 28, tenendo conto della necessità per l'amministratore di munirsi della delibera assembleare.

Capo XII

Del carattere inderogabile delle norme

L'art. 72 disp.att.c.c. prevede e da carattere inderogabile agli artt. 63, 66, 67 e 69 disp.att.c.c.

Art. 72.
I regolamenti di condominio non possono derogare alle disposizioni dei precedenti articoli 63, 66, 67 e 69 disp.att.c.c.

Titolo VIII

Dei locatori e inquilini

La responsabilità è in primo luogo dell'inquilino che viola il regolamento.

Questi per primo deve essere informato dall'Amministrazione di eventuali segnalazioni o lamentele dei condomini.

A seguito di ripetute (e provate) segnalazioni degli altri proprietari, inquilini e/o dell'Amministrazione, per violazioni al regolamento, il locatore è tenuto a esercitare gli strumenti che la legge e il contratto di affitto mettono a sua disposizione per garantire il quieto vivere e il rispetto del regolamento, quali interventi di insonorizzazione ed isolamento acustico, che hanno un minimo costo aggiuntivo rispetto al solo isolamento termico; fino alla disdetta del contratto e sfratto per giusta causa dell'inquilino inadempiente.

Il non avere attivato lo strumento giuridico per riottenere la disponibilità dell'immobile rende a sua volta il locatore inadempiente all'obbligo del rispetto del regolamento di condominio, da ciò derivando la sua responsabilità nei confronti del condominio e degli altri condomini.

In un eventuale causa civile, il locatore può essere chiamato in solido con l'inquilino al risarcimento danni verso gli altri condomini.

Art. 10. Legge n. 392 del 1978.
Partecipazione del conduttore all'assemblea dei condomini.
Il conduttore ha diritto di voto, in luogo del proprietario
dell'appartamento locatogli, nelle delibere dell'assemblea
condominiale relative alle spese e alle modalità di gestione dei
servizi di riscaldamento e di condizionamento d'aria.
Egli ha inoltre diritto di intervenire, senza diritto di voto,
sulle delibere relative alla modificazione degli altri servizi
comuni.
La disciplina di cui al primo comma si applica anche qualora si

tratti di edificio non in condominio.
In tale ipotesi i conduttori si riuniscono in apposita assemblea convocati dal proprietario dell'edificio o da almeno tre conduttori. Si osservano, in quanto applicabili, le disposizioni del codice civile sull'assemblea dei condomini.

Dott. Piero Antonio Esposito

Titolo IX

Del diritto all'abitazione

Il diritto all'abitazione viene riconosciuto in una serie di trattati internazionali sui diritti umani.

Cito e riporto integralmente l'articolo 25 della Dichiarazione universale dei diritti dell'uomo.

Articolo 25. della Dichiarazione Universale dei Diritti Umani.

1. Ogni individuo ha diritto ad un tenore di vita sufficiente a garantire la salute e il benessere proprio e della sua famiglia, con particolare riguardo all'alimentazione, al vestiario, all'abitazione, e alle cure mediche e ai servizi sociali necessari; e ha diritto alla sicurezza in caso di disoccupazione, malattia, invalidità, vedovanza, vecchiaia o in altro caso di perdita di mezzi di sussistenza per circostanze indipendenti dalla sua volontà.

2. La maternità e l'infanzia hanno diritto a speciali cure ed assistenza. Tutti i bambini, nati nel matrimonio o fuori di esso, devono godere della stessa protezione sociale".

Cito inoltre e riporto integralmente l'articolo 11 della Convenzione internazionale sui diritti economici, sociali e culturali (ICESCR).

Articolo 11. della Convenzione internazionale sui diritti economici, sociali e culturali (ICESCR).

1. Gli Stati parti del presente Patto riconoscono il diritto di ogni individuo ad un livello di vita adeguato per se e per la sua famiglia, che includa alimentazione, vestiario, ed alloggio adeguati, nonché al miglioramento continuo delle proprie condizioni di vita. Gli Stati parti prenderanno misure idonee ad assicurare l'attuazione di questo diritto, e riconoscono a tal fine l'importanza essenziale della cooperazione internazionale, basata sul libero consenso.

2. Gli Stati parti del presente Patto, riconoscendo il diritto fondamentale di ogni individuo alla libertà dalla fame, adotteranno, individualmente e attraverso la cooperazione internazionale, tutte le misure, e fra queste anche programmi concreti, che siano necessarie: a) per migliorare i metodi di produzione, di conservazione e di distribuzione delle derrate alimentari mediante la piena applicazione delle conoscenze tecniche e scientifiche, la diffusione di nozioni relative ai principi della nutrizione, e lo sviluppo o la riforma dei regimi agrari, in modo da conseguire l'accrescimento e l'utilizzazione più efficaci delle risorse naturali; b) per assicurare un'equa distribuzione delle risorse alimentari mondiali in relazione ai bisogni, tenendo conto dei problemi tanto dei paesi importatori quanto dei paesi esportatori di derrate alimentari.

Entrambi riconoscono il diritto alla casa come parte del diritto ad un adeguato standard di vita.

Nel diritto internazionale dei diritti umani, il diritto all'abitazione è considerato un diritto indipendente; infatti il Osservazione Generale n.4/1991 sullo "adeguato alloggio" approvato dal Comitato delle Nazioni Unite sui diritti economici, sociali e culturali fornisce un'interpretazione autorevole in termini legali e ai sensi del diritto internazionale.

ONU Comitato dei diritti economici, sociali e culturali: Osservazione generale n. 4 (1991).

Certamente, la comunità internazionale ha spesso ribadito l'importanza dell'integrale rispetto del diritto ad un alloggio adeguato, tuttavia lo scarto esistente tra le norme enunciate al paragrafo 1 dell'art. 11 e la situazione che regna in molte regioni del mondo è ancora preoccupante, senza dubbio i problemi di persone senza-tetto e di alloggio insufficiente si riscontrano spesso in forme particolarmente gravi in alcuni paesi in sviluppano che si scontrano con difficoltà profonde e carenze soprattutto in tema di risorse materiali; tuttavia il Comitato costata che tali problemi colpiscono ugualmente anche alcune tra le società più economicamente avanzate. Secondo le stime dell'Organizzazione delle Nazioni Unite, nel mondo si contano più di 100 milioni di senza tetto e oltre un miliardo di persone prive di alloggio adeguato4 . Nulla lascia pensare che questi numeri stiano diminuendo. Appare chiaro che nessuno Stato parte è al riparo dai gravi e multiformi problemi che il diritto all'alloggio pone.

Dott. Piero Antonio Esposito

I Principi di Yogyakarta (formalmente: I Principi di Yogyakarta per l'applicazione delle leggi internazionali sui diritti umani in relazione all'orientamento sessuale e identità di genere, in inglese: The Yogyakarta Principles on the Application of International Human Rights Law in Relation to Sexual Orientation and Gender Identity), sono una serie di principi per la protezione dei diritti umani in materia di LGBT ossia lesbiche, gay, bisessuali e transgender, e della intersessualità contro la violenza e delitto d'onore.

L'origine di questi principi è una richiesta da parte di Louise Arbour e della Dichiarazione universale dei diritti umani. Questi princìpi sono stati adottati nel congresso internazionale tenutosi all'Università Gadjah Mada, a Yogyakarta, (Indonesia) dal 6 al 9 novembre 2006 da Commissione internazionale di giuristi, International Service for Human Rights e 29 esperti internazionali di legge sui diritti umani, tra cui Mary Robinson. Questo progetto è stato presentato al Consiglio ONU per i Diritti Umani nel 26 marzo 2007.

Questi principi sono stati considerati dal Consiglio d'Europa nel documento "Diritti Umani e Identità di Genere", scritto il 29 luglio 2009.

I Principi di Yogyakarta sull'applicazione del diritto internazionale dei diritti umani in materia di orientamento sessuale ed identità di genere afferma che "ognuno ha il diritto ad un alloggio adeguato, compresa la protezione dallo sfratto, senza discriminazioni e che gli Stati membri devono:

1. prendere tutte le necessarie misure legislative, amministrative e di altro tipo per garantire la sicurezza del possesso e per l'accesso a prezzi convenienti per case abitabili, accessibili, culturalmente appropriate e sicure, comprese i ripari ed altri alloggi di emergenza, senza discriminazioni derivanti dall'orientamento sessuale, identità di genere o dallo status materiale o familiare;

2. adottare tutti i provvedimenti legislativi, amministrativi e altre misure per vietare l'esecuzione di sfratti che non siano conformi agli obblighi internazionali sui diritti umani e garantire che i rimedi legali idonei siano adeguati, efficaci e disponibili per colui che ritenga che il diritto alla protezione contro gli sfratti forzati è stato violato o è sotto la minaccia di violazione, compreso il diritto di reinsediamento, che include il diritto ad una alternativa di migliore o uguale qualità e ad un alloggio adeguato, senza discriminazioni.

Il diritto alla casa è altresì sancito anche dall'articolo 28 della Convenzione ONU per i diritti delle persone con disabilità che riporto sotto.

Articolo 28. della Convenzione ONU per i diritti delle persone con disabilità: Adeguati livelli di vita e protezione sociale.
1. *Gli Stati Parti riconoscono il diritto delle persone con disabilità ad un livello di vita adeguato per sé e per le proprie famiglie, incluse adeguate condizioni di alimentazione, vestiario e alloggio, ed il continuo miglioramento delle condizioni di vita, e devono prendere misure appropriate per proteggere e promuovere l'esercizio di questo diritto senza discriminazione fondata sulla disabilità.*
2. *Gli Stati Parti riconoscono il diritto delle persone con disabilità alla protezione sociale e al godimento di questo diritto senza discriminazioni fondata sulla disabilità, e prenderanno misure appropriate per tutelare e promuovere l'esercizio di questo diritto, includendo misure per: (a) Assicurare alle persone con disabilità parità di accesso ai servizi di acqua pulita, e assicurare loro l'accesso a servizi, attrezzature e altri tipi di assistenza per i bisogni legati alla disabilità, che siano appropriati ed a costi contenuti; (b) Assicurare l'accesso delle persone con disabilità, in particolare alle donne e alle ragazze con disabilità e alle persone anziane con disabilità, ai programmi di protezione sociale ed a quelli di riduzione della povertà; (c) Assicurare alle persone con disabilità e delle loro famiglie, che vivono in situazioni di povertà, l'accesso all'aiuto pubblico per coprire le spese collegate alle disabilità, includendo una formazione adeguata, il sostegno psicologico, l'assistenza finanziaria e le terapie respiratorie; (d) Assicurare l'accesso delle persone con disabilità ai programmi abitativi pubblici; (e) Assicurare pari accesso alle persone con disabilità a programmi e benefici per il pensionamento.*

Anche l'articolo 16 della Carta sociale europea (articolo 31 della Carta sociale europea riveduta) e la Carta africana dei diritti dell'uomo e dei popoli ribadiscono lo stesso diritto.

Articolo 31. della Carta sociale europea riveduta.
Tutte le persone hanno diritto all'abitazione.

Dott. Piero Antonio Esposito

Secondo il Comitato delle Nazioni Unite sui diritti economici, sociali e culturali, gli aspetti del diritto alla casa includono: la sicurezza legale del possesso; la disponibilità di servizi, materiali, strutture e infrastrutture, l'accessibilità, l'abitabilità, l'adeguatezza della posizione e della culturale.

La disciplina francese e tedesca della locazione abitativa costituisce dagli anni '80 un modello di locazione a tempo indeterminato con recesso del locatore solo per giusta causa, in cui il diritto all'abitazione è trattato come un diritto soggettivo perfetto, essendo il locatario destinato a essere maggiormente tutelato quale parte contrattuale debole rispetto al locatore.

La Corte europea dei diritti dell'uomo ha considerato che la perdita dell'abitazione costituisce una violazione al diritto al rispetto della libertà di domicilio (Carta dei diritti fondamentali dell'Unione europea art. 7, che riporto integralmente).

Articolo 7. Carta dei diritti fondamentali dell'Unione europea: Rispetto della vita privata e della vita familiare.

Ogni individuo ha diritto al rispetto della propria vita privata e familiare, del proprio domicilio e delle sue comunicazioni.

Non per ultimo, nella Costituzione Italiana il diritto all'abitazione è richiamato all'art. 47:

Articolo 47. della Costituzione Italiana.

La Repubblica incoraggia e tutela il risparmio in tutte le sue forme; disciplina, coordina e controlla l'esercizio del credito.
Favorisce l'accesso del risparmio popolare alla proprietà dell'abitazione, alla proprietà diretta coltivatrice e al diretto e indiretto investimento azionario nei grandi complessi produttivi del Paese.

Il diritto all'abitazione è richiamato in ripetute sentenze della Consulta:

- "è doveroso da parte della collettività intera impedire che delle persone possano rimanere prive di abitazione" (n. 49/1987);
- "Il diritto all'abitazione rientra infatti, fra i requisiti essenziali caratterizzanti la socialità cui si conforma lo Stato democratico voluto dalla Costituzione" (Corte cost., sent. n. 217 del 1988);

- "il diritto a una abitazione dignitosa rientra, innegabilmente, fra i diritti fondamentali della persona" (Corte cost. sent. n. 119 del 24 marzo 1999);
- "Creare le condizioni minime di uno Stato sociale, concorrere a garantire al maggior numero di cittadini possibile un fondamentale diritto sociale, quale quello all'abitazione, contribuire a che la vita di ogni persona rifletta ogni giorno e sotto ogni aspetto l'immagine universale della dignità umana, sono compiti cui lo Stato non può abdicare in nessun caso" (Corte cost. sent. n. 217 del 25 febbraio 1988);
- "indubbiamente l'abitazione costituisce, per la sua fondamentale importanza nella vita dell'individuo, un bene primario che deve essere adeguatamente e concretamente tutelato dalla legge" (sentenza n. 252 del 1983)

Con le sentenze 310/03 e 155/04 il blocco degli sfratti è dichiarato giustificato solo in quanto di carattere transitorio e per "esigenze di approntamento delle misure atte ad incrementare la disponibilità di edilizia abitativa per i meno abbienti in situazioni di particolari difficoltà", senza che esso possa tradursi in una eccessiva compressione dei diritti del proprietario, interamente onerato dei costi relativi alla soddisfazione di tale diritto.

Dott. Piero Antonio Esposito

A.I.A.S.
Associazione Italiana Amministratori Superiori
Corso di Porta Vittoria, 7
20122 Milano
www.aiasitalia.it

Dott. Piero Antonio Esposito

www.ingramcontent.com/pod-product-compliance
Lightning Source LLC
Chambersburg PA
CBHW062033200326
41519CB00017B/5023